ニッコロ=マキアヴェリ

JN139848

マキアヴェリ

●人と思想

西村 貞二 著

54

CenturyBooks 清水書院

まえがき——マキアヴェリとわたくし

一九六四年三月はじめ、そのころローマの日本文化会館長であられた故・呉茂一先生ご夫妻と同車して、朝はやくローマを発った。途中、アッシジの聖フランチェスコ寺院にもうで、たそがれどきにフィレンツェについた。大聖堂サンタ－マリア－デル－フィオーレが視界にはいってくると、胸のときめきをおさえられなかった。五十面《づら》さげて気はずかしい次第だが、わたくしにしてみれば、長いこと夢にえがいた町なのである。

一〇日あまり滞在したあいだ、散策のコースは判でおしたようだった。宿をとった共和広場からアルノー川にかかるヴェッキオ橋をわたってピッティ宮まで、折りかえしてウフィツィ画廊をとおりぬけてシニョーリア広場にでる。そこでミケランジェロのダヴィデ像をあおいでから、大聖堂にお参りする。サンタ－クローチェ寺院にマキアヴェリの廟墓をたずね、パラッツォ－ヴェッキオ美術館でマキアヴェリの肖像画をみる。気がむけば、サン－ミニアトの丘に足をのばす。春がすみたなびくというのは日本の風情《ふぜい》で、イタリアの空気はつめたくすみ、町なみがくっきりと目にうつる。中央に大聖堂、左手にジョットの鐘楼《しょうろう》、その左にパラッツォ－デラ－シニョーリア、下手《しもて》には赤屋根の家々、にごったアルノーのながれ、などが手にとるようだ。フィレンツェをおとずれた日本人は口々に「京都みたいだ」という。そういえば、東山から京都市街をみおろす景色とよく似ている。歴史の古さと規模はもとよりわが京都におよばない。が、ともに山紫水明《さんしすいめい》の古都である。

名所旧跡や美術館もさることながら、フィレンツェはわたくしにとって、なによりもまずマキアヴェリのふるさとだ。ルネサンス時代とあまり変わってはいないであろう旧市区を徘徊《はいかい》していると、ひとつの考えがだんだん動かしがたいものになっていった。ある歴史家が、フィレンツェの雰囲気にふさわしい仕方でマキアヴェリに近づこうとするなら、フィレンツェの町を歩くにかぎる、とかいていた（ルネ＝ケーニヒ『マキアヴェリ』）。そういうことだろうと漠然と思ってはいたのだが、いま、たしかな実感となったのである。つまり、マキアヴェリの「人と思想」は、この小さな、だがはつらつとした都市からのみ理解されるのではないか。同時に、かれの「人と思想」に、このたぐいまれな文化都市のすがたがうつっているのではないか。マキアヴェリほど、賞讃と非難が半ばする人間はいないけれども、たいていは、時代の脈絡や歴史的環境からマキアヴェリの人と思想をひきぬいたためにおこる誤解である。

いずれくわしくのべるので、ここではそうした誤解の例を、ひとつふたつ、あげるにとどめる。たとえば、マキアヴェリの政治的節操《せっそう》をうたがうむきが少なくない。フィレンツェ共和政府のために一心不乱にはたらいた男が、共和政府がたおれて、共和政府と敵対関係にあったメディチ家が復帰すると、手のひらをかえしたように接近した。あわよくば返り咲こうというこんたんをみて、ひとは無節操なオポテュニストと唾棄《だき》する。そういう見方には、「忠臣は二君につかえず」の儒教倫理みたいなものが先入見になっているように思う。ありていにいえば、ルネサンス時代の政治家、傭兵隊長、文人、芸術家は、二君につかえて意に介しなかった。これを無定見とみるか無節操とみるかは勝手だが、自由闊達《かったつ》にふるまったのは事実だ。マキアヴェリの気持はたぶんこうだったろう。共和政府につかえていたあいだにえたゆたかな識見とすぐれた能力を、メディチ家のもとで活用しようとしてなにが悪いか。共和政府だろうとメディチ家だろうと、同じフィレンツェの発展に役だつならば。

　思想についての誤解は、もっとひどい。マキアヴェリが悪名たかいのは、いわゆるマキアヴェリズムの元祖だからである。しかしマキアヴェリズムは昔からとなえられ、実行されてきた。かれだけが悪者あつかいされる筋合いはない。かりにマキアヴェリズムを説いたとしよう。そこにはやむにやまれぬ事情があったはずだ。ところが後世は、そういう事情を黙殺して、マキアヴェリの説にマキアヴェリズムのレッテルをはった。いずれにせよ、こうしたマキアヴェリ伝説をうちやぶって、マキアヴェリをほんらいのすがたにおいて、いいかえれば、かれの人と思想を歴史的背景において考察することが歴史的理解だ、とわたくしは思う。

　それなら、マキアヴェリを歴史的背景において考察したら、万事オーケーなのだろうか。そうではあるまい。人間、歴史、政治、倫理についてかれがのべたことがらは、普遍的な問題をふくんでいる。かれの著書が政治学の古典とされるのは、なんらかの普遍的な意義をもつからだ、古典がつねにそうであるように。だからこそ、時代から時代へよみつがれ、現代のわたくしたちにも訴えるのである。マキアヴェリはフィレンツェ都市国家のしがない小役人である。有名な『君主論』は、文庫本で二〇〇ページたらずの小冊子にすぎない。かくべつ諸君のあたまをなやますようなむずかしい理屈をこねているわけでもない。だのに現今まで生命をたもっているのは、おどろくべきことではあるまいか。

大学二年生のとき、わたくしはふとしたことで興味をもつようになり、四〇数年後のこんにちもマキアヴェリ遍歴は終わらない。いったい、マキアヴェリのなにがこれほどわたくしの心をとらえてはなさないのだろうか。なぞをとくために自分なりに努めたつもりではあるが、会心《かいしん》の答がえられたとは、とても思えない。おそらくこれからも。ところでこんどの本はわかい読者諸君を相手にしている。したがって専門的なことがらはなるべくひかえるけれど、マキアヴェリの実像をあきらかにし、思想の核心にせまるという、ふたつの課題だけにはこたえたい。立ちいったことをしらべたいと思う方々《かたがた》は、巻末にあげた参考文献をみられるがよい。

なお、マキアヴェリと同郷で同時代人、ルネサンスの万能の天才といわれるレオナルド＝ダ＝ヴィンチについて、当書院の「人と歴史」シリーズから小著をあらわしたことがある。あわせておよみくだされば、本書の補いになるかもしれない。

一九八〇年三月

西村　貞二

付記　訳書のあるものについてはご高訳をおかりした。記して感謝の意を表する。図版は Barincou その他からえらんだ。

目次

Ⅳ マキアヴェリの影響

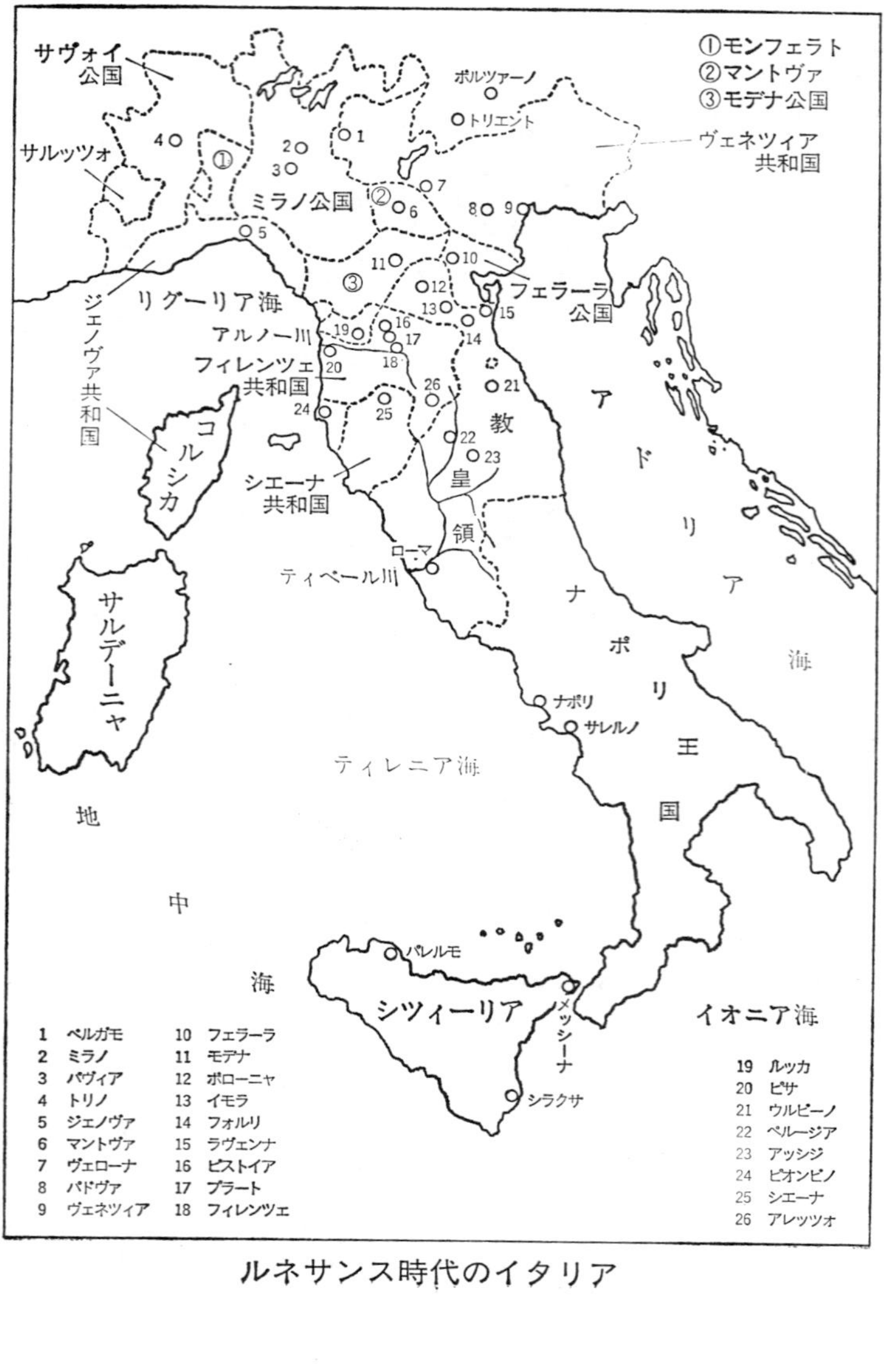

ルネサンス時代のイタリア

I マキアヴェリの時代

フィレンツェの発展

花の都

マキアヴェリはフィレンツェにうまれ、フィレンツェに死んだ、きっすいのフィレンツェっ子だ。かれの生涯のどのひとこまも——得意の絶頂にいたときも失意のどん底にいたときも、故郷の町とはなれがたくむすびつけられている。光栄と悲惨をふくめてフィレンツェの歴史は、マキアヴェリの生涯と思想に投影した。が反面、かれもフィレンツェのある時期に消しがたい痕跡《こんせき》をのこした。個人の運命と国家の運命がこれほど一体をなした例はまれではなかろうか。だから、あらかじめフィレンツェの政治的・文化的発展に目をくばっておくことが必要であろう。

「フローレンスは春の都である。その名がすでに『花の都』を表示しているではないか。フローレンスは、イタリアでは現在《いま》は Firenze《フィレンツェ》 と呼ぶ。昔はこれを Fiorenza《フィオレンツァ》 とよんだ。Fiore《フィオーレ》 とは花の義である。さればフィオレンツァの『花の都』たるや説くまでもあるまい。そがゆえに、時としては、『美しき』(la bella《ラ ベラ》)という形容詞をすらかぶせて、その美をたたえられたのである。トスカーナ州の北方に位置し、北にアルバーノの山脈と、南にキャンツィの山脈は、溝壑《こうがく》を包んで、その中をアルノー川はゆるやかに西に流れる。ここを『アルノーの壑《たに》』と呼ぶ。高きより見おろせば、

15世紀のフィレンツェ

春は見渡す限り一面に花咲き乱れて、アルノー川は銀色に光る。その西岸をはさんで、自然の花よりもさらに気高く咲き誇るがごとく、フローレンスの都がのぞまれる。『花の都』とはいみじくも名づけたるかな。これをおいて、他にふさわしき名はいずこに求められよう」（沢木四方吉《よもきち》『美術の都』）。

沢木四方吉（一八八六～一九三〇）はわが国における西洋美術研究の草わけのひとりだ。イタリアの美術旅行をおこない、帰国してからつづった文章の一節である。いささか美文調だが、わかい日の感激が読者につたわってくる。もちろん、重要なのはフィレンツェの自然ではなくて、そこにきずかれた文化である。ブルクハルトはこうのべる。「フィレンツェの歴史には、もっとも高い政治的意識ともっとも豊かな発展形式が結合して見いだされる。その意味においてフィレンツェは、世界最初の近代国家の名に値する。あの驚くべきフィレンツェ精神、するどい理性と同時に芸術的創造力をもった精神は、政治的および社会的状態をたえず変化し、そして同じく、たえずそれを記述し調整する。このようにしてフィレンツェは政治上の学説と理論、実験と飛躍の郷土となり、さらにヴェネツィアとともに統計術の郷土となり、そしてただひとり世界のすべての国々にさきんじて、新しい意味における歴史的叙述の発祥の地となった（『イタリア・ルネサンスの文化』柴田治三郎訳）。ブルクハルト（一八一八〜九七）は、イタリア＝ルネサンス文化研究の礎石をおいた歴史家だ。この名著は、公刊後一二〇年をへたこんにちもなお、声価を失っていない。

これらのみじかい引用だけでも、およそイタリア＝ルネサンスにおいてフィレンツェがしめた地位が察せられようが、もう少し政治的・文化的発展を跡づけてみよう。

経済発展とコムーネ　神聖ローマ皇帝とローマ教皇とのあいだに聖職叙任権をめぐって争いがおこったころ、フィレンツェはイタリア中部トスカナ地方における教皇党《グルフィ》の本拠だった。一一九七年にドイツ皇帝に抵抗するトスカナ同盟に加わったが、一三世紀早々、司教権から独立して完全な自治都市となった。同じくトスカナ地方のルッカ、ピサ、ボローニャなどもしだいにフィレンツェの傘下《さんか》にはいり、フィレンツェは全トスカナに覇をとなえるにいたった。このようなめざましい発展は、なかんずく経済繁栄のおかげである。

フィレンツェにはつとに商工業が発達した。ミラノとかパヴィアなどは、十字軍遠征の通路にあたったために東洋物資をヨーロッパ諸国にはこぶ仲介貿易で栄えた。ヴェネツィア、ピサ、ジェノヴァなどの海港都市も、そういう投機的な利益にあずかった。これにたいしてフィレンツェは、毛織物工業や絹織物製造業など、生産都市として堅実な発展をとげた。そればかりではない。フィレンツェは屈指《くっし》の金融都市でもあった。教皇党勢力の中心であったためにローマ教皇庁と密接な関係をむすび、その財政を一手に処理したからで。フィレンツェの名はヨーロッパ金融界にひろくしられるようになる。ここに近代最初の銀行業がおこり、一三世紀はじめには著名銀行家が二〇人をこえたという。かれらはヨーロッパ各地に支店をおいて金融網をひろげた。フィレンツェ金貨フィオリーノは国際通貨に用いられたほどだ。トスカナ地方に覇権を樹立したのは、こうした経済繁栄があずかって力がある。

他方、経済発展に都合のいい条件が政治状態のなかに存した。コムーネとよばれる自治都市がそれだ。コムーネの勃興は北イタリアのロンバルディア地方がもっともはやい。この地方はもと神聖ローマ皇帝の勢力範囲にはいっていたが、皇帝権を代表する大貴族は、都市や農村をじかに支配した小貴族におされていった。やがて都市はこれらの小貴族に反抗するようになり、皇帝から自治の特許をえて一本だちした。同じく北イタリアでヴェネツィアなどは、東ローマ帝国から事実上独立をとげていた。中部イタリアにおいても似た経過をたどり、一二世紀に宗・俗領主に反旗をひるがえして独立をかちとり、各地にコムーネの発生をみたのである。

いったい、イタリアでは、ローマ時代いらい都市生活の伝統がつづいていた。封建制度がしかれなかったわけではない。フィレンツェでさえ、一三世紀までは、かなり中世的な制度がおこなわれた。とりわけ南イタリアにおいては、領主の封建的支配がずっとつづいていた。げんざいでもイタリア南部が後進的なのは、その名ごりである。しかし全体としては、イタリアにおける封建制度は、アルプス以北の国ぐににおけるように、深く根をはらなかった。現代の歴史家オットカールは、イタリアの都市コムーネの特色を、アルプス以北の都市にたいして周辺世界との交流、市民階級と封建貴族の融合に見いだしている（『中世の都市コムーネ』清水・佐藤共訳）。都市生活の伝統をもつイタリア人には、封建制度はなじめなかったのであろう。経済発展とあいまって、コムーネこそイタリア＝ルネサンスの母胎といってよい。

こまかくみれば、それぞれのコムーネにちがいはあるけれども、構造は似たりよったりである。はじめ、有力者である大商人が市政にあずかった。完全な司法権や自治権をえてからは、大商人・大地主・金融業者などの上層階級からえらばれた職業組合の代表者が市参事会をつくって、市政にあたった。一般市民、すなわち小商人・手工業者・日やとい労働者などは、まったく市政にあずからない。したがって当時のコムーネは貴族色がこく、お義理にも民主的とはいえない。一三世紀半ばに、市参事会のうえに、市長のような役目としてポデスタがおかれ、六か月ないし一か年をかぎって最高行政権をあたえられた。教皇党《グェルフィ》対皇帝党《ギベリン》の争い、大市民《ポポローグラッソ》にたいする小市民《ポポロ・ミヌート》の反目がはげしくなり、しばしば市政を混乱におとしいれる。そのため超党派的な調停役としてポデスタ制度がしかれたわけである。だが中産階級のいきおいが増すと、なお貴族的なポデスタ制度に不満をもつ。そこで民衆の利益をまもるために市民長《カピターノ・ディ・ポポロ》という官職がもうけられる。このように、一方には上層階級からなる市参事会とポデスタ、他方には民衆の長としての市民長がたつ、そういう二重政権がおこなわれた。

政情不安のフィレンツェ

こうしたイタリアーコムーネの発展経路をフィレンツェは典型的にたどっている。すなわち、一三世紀はじめに教皇党に加担したゆたかな上層階級は、皇帝党の封建貴族と争った。一三世紀末になると、市民側が勝利をおさめ、貴族たちを市政から追いだした。すると、市民内部で争いがおこる。大組合にぞくする大市民と、小組合にぞくする小市民との。当時、フィレンツェでは、市民権をもつものはなんらかの職業組合にはいるさだめになっていた。この職業組合を「アルテ」といい、職業べつのアルテが二一あった。大市民は大組合《アルテ・マジョーレ》をつくり、公証人・毛織物販売業者・同製造業者・銀行業者・絹商人・医師などがはいった。なかでも毛織物製造組合と絹織物製造組合とがもっとも有力であった。これにたいして、小組合には肉屋・ぶどう酒商・宿屋・金物商などがはいる。小市民は大市民の財閥政治に不平をいだき、地位の向上をもとめる。改革がさけがたくなり、一二八二年にプリオリ(市政委員)制度がしかれ、全市六区から一名ずつえらばれた六名のプリオリが市の政務をとることになる。しかしプリオリも依然として大商人からでたので、小市民の不満はいっこうおさまらない。よって一二九三年に大商人のジアノ＝デラ＝ベラというものが、小市民の意向をくんで改革をおこなう。「フィレンツェ市民のマグナ―カルタ」といわれる「正義の規定」がそれだ。市民の自由と権利をまもる一〇〇か条がさだめられ、政府をまもるために、「正義の旗士《ゴンファロニエレ・デイ・ジュスティチア》」がおかれて二〇〇〇名の兵を配された。こうしてプリオリと正義の旗士とが、フィレンツェの最高行政機関であるシニョーリアを構成した。見かけは民主的だが、じつは大商人の寡頭《かとう》政治にほかならない。フィレンツェ民主政はそうした性格をずっと失わなかったのみか、のちには個人の独裁すらもうみだす。イタリアーコムーネの限界というか、政治宿命というべきか。

　こんな状況だと、とかく政局は安定を欠く。教皇党と皇帝党がはげしく争ったことが政情不安をます。かの大詩人ダンテ（一二六五～一三二一）がフィレンツェを追放された（一三〇二）のは、こうした争いのまきぞえをくったからだ。かれは皇帝党にぞくし、医師組合からプリオリにえらばれていたのである。一四世紀には両党の争いはたえ間がなく、あまつさえ大・小市民間の争いも解決されず、そうした政情のためにたびたび政変に見まわれた。たとえば、一三四二年にはグアルティエリという貴族が、貴族や下層民の支持のもとに、しばらくフィレンツェを支配した。つづいて一三七八年にはチオンピの乱がおこった。毛織物製造業者の下請《したうけ》をする梳毛《すきげ》工《こう》（チオンピ）が暴動をおこしたのだ。しかしこうした動揺はかえって個人の台頭をうながす。というのは、政局の動揺を収拾するためには、けっきょく独裁的な支配者の手腕にたよるほかないからである。つまり、見かけの民主政は独裁者の出現を用意していたのだ。ここにメディチ家が台頭して、フィレンツェの歴史と運命をともにすることになる。

メディチ家盛衰記

メディチ家の繁栄

メディチ家はもと薬種業を家業とした。家紋《かもん》が六つのまるい球なのは、薬屋の看板に丸薬をあらわしたからだという。メディチ家のサルヴェストロはチオンピの乱で下層民の肩をもち、民衆の人気をあつめた。民衆の信頼をうることが、このちも勢力を保持するためにメディチ家が常套《じょうとう》手段としたところである。次代のジョヴァンニ（一三六〇～一四二九）になると、もう押しも押されもせぬ存在だった。銀行業をいとなみ、金の力をバネにして政界に進出したからだ。「正義の旗士」として市民党の頭目をもって任じた。いっぽう、教皇の管財人になって教皇庁に食いこんだ。

ジョヴァンニの長子コジモ（一三八九～一四六四）は、銀行業に精をだしてメディチ家の財力をますます大きくした。教皇庁にたいする高利貸付、遠隔地商業、羊毛工業などを一身で総括した。メディチ銀行はヨーロッパじゅうに支店網をはりめぐらし、貸付帳簿には教皇からフランス国王・ドイツ貴族・スペインやポルトガルの王侯の名までしるされていたというから、家業の繁昌《はんじょう》ぶりがわかろうではないか。しかもたいへん賢明なことに、かれは政界で表面にでようとはしなかった。少な

メディチ家の系図

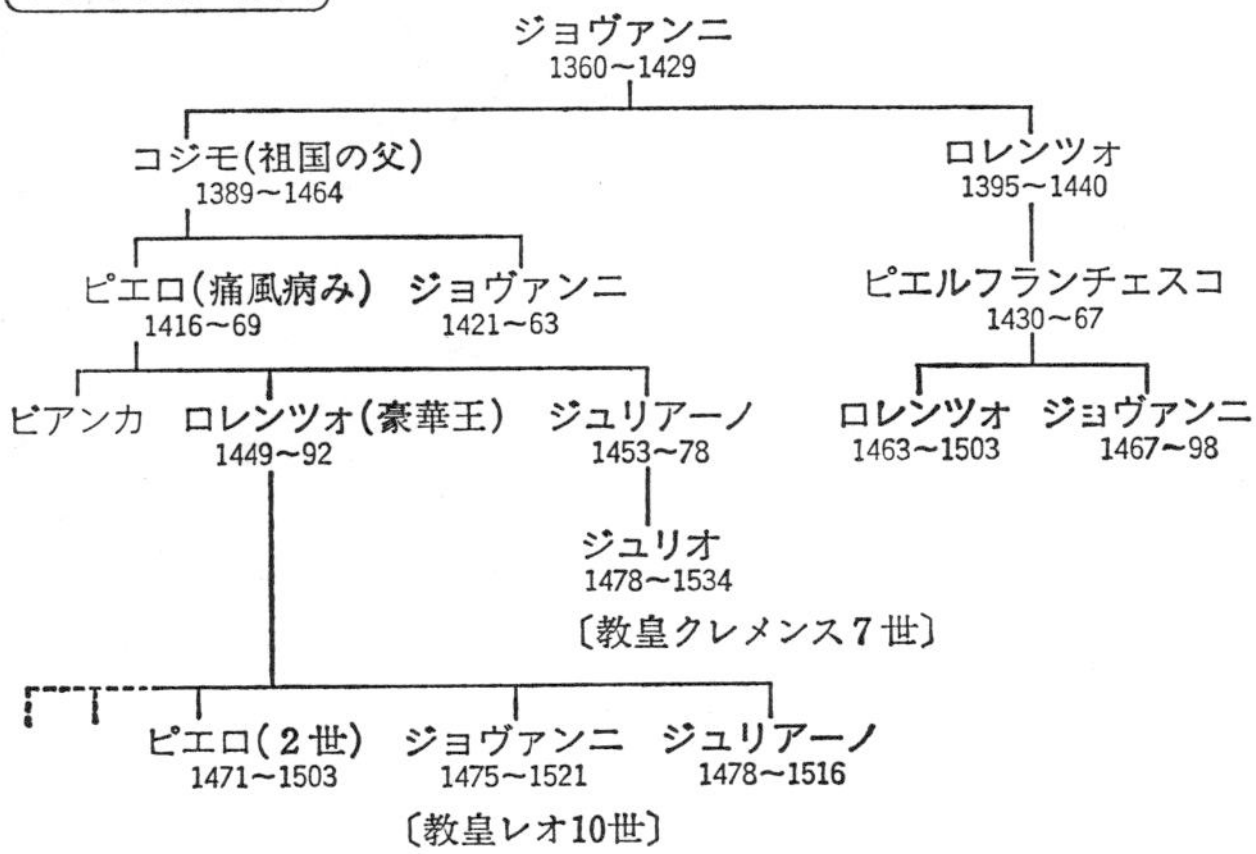

くとも制度上民主制をしくフィレンツェにおいて、支配者のようにふるまうのは市民感情をさかなですることを百も承知だったから。そのかわり、要所要所に子分を配し、かげから政府を動かした。名をすてて実《じつ》をとる、商人根性まる出しである。

こうしてコジモの名声があがってくると、かねてからメディチ家の転覆《てんぷく》をねらっていたアルビッツィ家が、支配の野心をいだく危険人物としてコジモをとらえ、裁判で国外追放に処した。コジモはだまって処分に服する。それというのも、政府内に味方がおり、反対派も籠絡《ろうらく》しておいたからだ。はたせるかな、一年たつかたたぬかのうちにコジモはフィレンツェに帰った。こんどはアルビッツィ一派が追放される番である。

コジモ＝デ＝メディチ

祖国の父コジモ

フィレンツェにもどってからのコジモは、形式上では一介の市民にすぎなかったとはいえ、事実上、独裁者だった。仇敵のアルビッツィ一派は処刑され、競争相手は追放されたから、もう対抗できるものはいない。財力で市政を動かしたこと、民衆を味方につけることが成功のこつであった。コジモが世をさるまでの一〇年のあいだに、フィレンツェはすばらしい発展をとげる。没したとき、フィレンツェ市民が「祖国の父《パテル・パトリア》」とたたえたのも、けっしてほめすぎではない。じっさい、かれの治政中にフィレンツェは領土をひろげ、ローマ教皇やヴェネツィアと手をにぎるいっぽう、ナポリのアラゴン家やミラノ公国とも同盟をむすび、フィレンツェの地位を安泰にした。多年らいの党争をおさめて、かつてない政治的安定をもたらした。経済的繁栄と政治的安定にもとづいてコジモは文化の保護につとめた。かれはルネサンス時代に輩出《はいしゅつ》した文化擁護者《メチェナテ》のなかで傑出した人物だ。東ローマ帝国がオスマン＝トルコのためにほろんだ（一四五三）とき、東ローマ帝国の学者がイタリアに難をさけた。コジモはかれらを厚く遇した。なかでもプラトン学者ゲオルギオス＝ゲミストス＝プレトン（一三五五ごろ〜一四五〇ごろ）をひいきにし、フィレンツェにプラトン学院をたてて（一四四〇）、ギリシア学問の復興につくした。

コジモはまたヒューマニストのために惜しげもなく私財を投じた。ニッコロ＝ニッコリ（一三六四〜一四三七）という学者は、コジモにすすめてローマの自然哲学者プリニウス（二三ごろ〜七九）の高価な写本をかいとらせた。ニッコロのコレクションは、かれの死後、コジモの援助でサン＝マルコ修道院におさめられた。コジモじしんもラウレンツィア図書館をたてて古書をあつめた。フィレンツェを美化するために町を整備し、造営事業に多大の出費をした。花の聖母マリア大聖堂、サン＝マルコ修道院、サン＝ロレンツォ教会などで、たくさんの芸術家に思う存分に腕をふるわせた。フィレンツェがルネサンス文化の首都となったのは、コジモの統治下においてだ。

ルネサンス文化の尖端

ルネサンス文化の発展でフィレンツェは尖端《せんたん》をいく。教皇党と皇帝党との争いにまきこまれ、フィレンツェを追放されて二度と故郷の土をふむことがなくて没したダンテは、イタリア国民文学の祖であるばかりでなく、世界文学史上、第一級の詩人である。詩人ペトラルカ（一三〇四〜七四）は、直接にはフィレンツェと関係がないけれど、かれがはじめた古学復興（ヒューマニズム的研究）は、フィレンツェにおいてもっともさかんとなった。ペトラルカにつぐボッカッチョ（一三一三〜七五）はフィレンツェ商人の子で、フィレンツェと縁故が浅くない。代表作『デカメロン』は、当時あれ狂った黒死病をさけるためにフィレンツェの一〇人の紳士淑女が近郊の別荘に一〇日間いて、一日一話ずつ物語をするというすじである。フィレンツェがイタリア詩文の中心となったのは、疑いもなくこうした伝統のたまものである。

ところで、ペトラルカはローマのカンピドリオの丘で桂冠詩人の栄えある称号をうけた国民詩人だが、古学復興にも先鞭《せんべん》をつけた。古学復興（ヒューマニズム的研究）の目的はなんだったのだろうか。もともと「ヒューマニズム」ということばは、人間らしさ、人間の価値とか尊さをあらわす「フマニタース」というラテン語に由来する。その起源はギリシアにある。ギリシア文化の特色は人間的ということだ。この考えがローマ人にうけつがれて「フマニタース」とよばれた。フマニタース、つまり人間性をうるには、ギリシアの学芸を学ぶのがもっとも手っとりばやい。そこでローマの文人かつ雄弁家キケロ（前一〇六〜四三）は、人間性をうるのに必要な教養を「ステュディアーフマニターティス」（人間性の研究）と名づけ、そのばあい、ギリシアを手本とした。ペトラルカが古学の復興や古書の蒐集につとめたのも、そうした「ステュディアーフマニターティス」をうることを目的としたわけだ。

もっとも、中世において古典の知識や研究がまったくなかったといえば、うそになる。教会や修道院で初歩の古典研究はおこなわれた。なかんずく八世紀にでたアルクィン（七三五ごろ〜八〇四）などは中世初期きっての古典学者であって、カルル大帝（シャルルマーニュ、七四二〜八一四）につかえてカロリング朝ルネサンスを推進した。一三世紀には、トマス＝アクィナス（一二二五〜七四）がスコラ哲学で古典知識とキリスト教思想とを融合させた。だがかんじんなことは、なにをよんだかではなくて、いかによんだかである。中世では古典はキリスト教に奉仕させられた。これに反してルネサンスのヒューマニストは、古典を「リテラーレーフマニオーレス」(もっとも人間らしい文学)として、古典のうちに躍動している人間性、キリスト教の束縛《そくばく》をしらぬ人間性をまなびとろうとした。「我々が一般に人文主義と呼ぶ文化運動において初めて、新しい人生観と生の形成を目標とし、しかも人間を豊かにし浄化するための源泉として熱狂的に讃仰《さんぎょう》するような意味での古代作家の認識と模倣が登場したのである」(ブールダッハ『宗教改革・ルネサンス・人文主義』坂口昂吉訳)。

イタリアのヒューマニズム

以上はヒューマニズムの一般的定義だが、注意していただきたいのは、ルネサンス時代のイタリア人にとって、古代や古典は、死んだ過去の遺物ではなくて、生きた身近かなものだったということだ。とりわけローマ古代は祖先の歴史であり、ラテン語はかれらがつかったことばであった。ほかの民族におけるとはちがって血のつながりがあり、いってみれば国民感情と密着していた。さらに見のがしてならないのは、イタリアのヒューマニズム運動が都市生活と不可分だったことだ。「イタリア人が大規模に、こぞって古代に傾倒《けいとう》することは、一四世紀になってようやく始まる。それには、イタリアにおいてだけ、しかも今やはじめてあらわれた都市生活の発展が必要であった。すなわち貴族と市民の共同生活と事実上の平等、教養の必要を感じ、かつそのための暇と金に余裕のある、一般的社会の形成である」とブルクハルトはかいている

(『イタリア・ルネサンスの文化』)。古典の知識は、聖職者によってになわれた神学的な教養にかわる人間的世俗的な教養として、都市民の要求にこたえ、歓迎をうけた。ヒューマニズムの発祥地が、市民精神と市民生活のもっともいきいきとしたフィレンツェだったことは、当然ではなかろうか。

ともあれペトラルカがはじめた古典研究は日をおうてさかんになり、ペトラルカでは縁がうすかった市民階級との関係が密接になってくる。ガレンが一五世紀のヒューマニズムを「市民的ヒューマニズム」とよぶゆえんだ(『イタリアのヒューマニズム』清水純一訳)。よい例が、コルッチオ＝サルターティ(一三三一〜一四〇六)である。かれはすぐれたヒューマニストであると同時に実際政治家で、一三七五年から没するまでフィレンツェ共和政府の長だった。政府の要路にいたため、ヒューマニストを保護するに便でもあった。このようにみると、コジモの学芸愛護は、やはりフィレンツェのかがやかしい伝統のたまものだったといってよかろう。

フィレンツェ派の美術

詩文・古典研究ばかりでなくて、美術においてもフィレンツェは尖端をいった。フィレンツェ市民社会が新鮮な芸術運動の温床《おんしょう》となったことにふしぎはあるまい。芸術におけるフィレンツェ派の特色は、なにをおいてもまず多様性にあった。美術史家はこう論じている。「ヴェネツィア派の人々の意義は、かれらが画家であるということに尽きている。しかしフィレンツェ派の場合にはそうではない。たとえ、かれらが画家であったこととを無視するにしても、かれらはなお偉大な彫刻家として存在する。彫刻家であったことを無視するにしても、かれらはさらに建築家として、詩人として、また科学者としてさえも存在する。かれらの試みなかった表現形式は何ひとつとしてなかった。絵画は、かれらの人格をたんに部分的に表現するにすぎず、必ずしももっとも的確に表明するものではなかった。したがってわれわれは、その作品よりも芸術家としてのかれらのほうを偉大であると思い、また、芸術家としてのかれらよりも、人間としてのかれらがその上に高くそびえているのを感ずるからである。フィレンツェ派絵画は、とりわけ、偉大な人格によって形成された芸術であったから、それは最高の興味のある諸問題と取り組み、その価値のけっして失われることのない解釈を提供した」（ベレンソン『ルネッサンスのイタリア画家』矢代幸雄監修）。

ここでは、フィレンツェ市民社会を舞台として画家・彫刻家・建築家がいかに妙技をふるったか、こまかくみるいとまはない。ただ、フィレンツェが新しい学問の一大学校であったように、美術の一大学校でもあったのはたしかだ。そしてコジモ＝デ＝メディチはかれらをして各自の天才をいかんなく発揮させたのであった。

ロレンツォの登場

さて、コジモが没すると、長男のピエロ（一四一六〜六九）が跡をついだ。共和国では独裁者の世襲などありえないのだが、コジモは反対派をおさえてメ

ロレンツォ＝デ＝メディチ

ディチ家の支配体制をつくっておいたのである。そういう父の配慮にもかかわらず、ピエロは「痛風病《や》みのピエロ」とあだ名されたように、病弱なうえに、父のような器量人《きりょうじん》ではなかった。それでも五年間どうにかメディチ王国をまもり、長男のロレンツォ（一四四九～九二）にバトンをわたした。このロレンツォこそ、世に「イル－マニフィコ」（豪華王）とよばれ、祖父コジモ時代の盛大さを、少なくとも表面上しのいだ人物にほかならない。

初舞台をふんだときからすでにドラマティックだった。二〇歳になるやならずの若造《わかぞう》がメディチ家をたもてるか、難局をのりきれるかどうか、世間では危ぶんだ。反対派のパッツィ派が、好機逸すべからずと、たちあがった。パッツィはメディチとならぶ銀行家で、いうなれば商売仇でもあったのだ。一四七八年四月二六日、刺殺団はロレンツォとその弟ジュリアーノ（一四五三～七八）ふたりのいのちをねらった。大聖堂で折から日曜日のミサがおこなわれている最中におそった。ジュリアーノはたおされ、死体はアルノー川になげこまれた。ロレンツォのほうは、沈着と幸運で九死に一生をえた。パッツィ派は市に暴動をおこそうとしたけれども、市民は応じない。メディチ家の館《やかた》の前にあつまり、ロレンツォが無事なすがたをあらわすと歓声をあげた。陰謀者はことごとく絞首刑に処せられ、パッツィ派は一掃された。ちなみに、ジュリアーノ暗殺の下手人《げしゅにん》のひとりであるベルナルドという僧は、見せしめのために公衆の面前で絞首刑に処せられた。フィレンツェの画家レオナルド＝ダ＝ヴィンチ（一四五二〜一五一九）のデッサン『ベルナルドの処刑』は、その凄惨《せいさん》な様《さま》をえがいている。

ところで、反メディチの陰謀者にピサ大司教が加わっていて、パッツィ派もろとも処刑された。怒った教皇シクストゥス四世（在位一四七一〜八四）はロレンツォを破門した。ついで教皇に同調したナポリ軍がフィレンツェをおびやかし、ミラノとヴェネツィアはフィレンツェを助けようとしない。一難さってまた一難だ。このとき、ロレンツォは離れわざをえんじて人々をアッといわせた。ナポリへ単身のりこんだのだ。そしてナポリ王を説得して和議をむすび、ナポリ王を介して教皇とも和議におよぶ。ロレンツォがフィレンツェにもどると、市民の大歓迎をうけたことはいうまでもない。共和政府におけるロレンツォの支配体制は盤石《ばんじゃく》となる。

マニフィコ行状記

ロレンツォの権勢はいまや祖父コジモをしのぐ。共和政はもう形骸《けいがい》にすぎない。かれは結婚政策で教皇と姻戚関係をむすぶ。次男ジョヴァンニを枢機卿にする（のちの教皇レオ一〇世）。ヴェネツィアおよびミラノとも修交を回復する。一五世紀後半において イタリアがわりに平穏だったのは、フィレンツェを中心とした勢力均衡のおかげで、ロレンツォの外交手腕によるところが多い。

ロレンツォほど、よかれあしかれ、盛期ルネサンスを象徴する人物はいないであろう。祖父コジモのような大規模な造営事業はおこさなかったとはいえ、政治目的から学者・芸術家を保護した。政治目的というのは、かれらにメディチ家を讃美させたり、諸国に送りだしてフィレンツェ文化を喧伝《けんでん》させようとしたからである。自分じしんは一生涯、贅沢《ぜいたく》のかぎりをつくした。風光明媚《めいび》の地に別荘をつくる。はでな競技会をもよおす。宝石のために金を湯水のようにつかう。古代貨幣のコレクションはすばらしい、といった調子で。世人が「イル－マニフィコ」とよんだのもむりがない。

ヒューマニストのランディーノ（一四二五〜一五〇一）が、『カマルドリ論議』のなかで、プラトン哲学に心酔した当時のヒューマニストたちが、カセンティーノ山中にあるカマルドリ修道院につどうた、みやびやかな宴《うたげ》をしるしている。実際生活と瞑想生活のどちらがすぐれているか、といった議論をたたかわせた。プラトン（前四二七〜三四七）の『饗宴』の向こうをはったのだ。ロレンツォはお歴々《れきれき》のヒューマニストにまじって哲学論議に時のたつのをわすれた。かと思うと、みずから詩や劇をつくる才人でもあった。自作の詩『バッカスとアリアドネ』でカーニバルの陶酔をこううたっている。

　なんと青春はうるわしいものか、
　こんなにはかなく過ぎていくのに。

楽しみたけりゃ楽しむがいい、
　明日という日ははかられないものを。

　ブルクハルトがいったように、この歌のリフレインは、ルネサンスそのもののみじかかった栄光の予感ででもあるかのように、一五世紀の時代からわれわれの耳にひびいてくる。花の都に栄華の一生をおくったロレンツォは、どんな風貌をしていたのだろうか。背はたかかったが、蒼白《そうはく》のおもざし、ひたいとあごがはり、全体の印象では醜男《ぶおとこ》に近かった。声は奇妙にしわがれていた。それでいて会うひとを魅了《みりよう》せずにおかなかった。フィレンツェの歴史家グィッチャルディーニ（一四八三〜一五四〇）はしるしている。「ローマ帝国がほろびてから、いまだかつてコジモとその孫ロレンツォぐらい、大きな権威をもった市民はいない」と。誇張の言だとしても、ルネサンス盛期がロレンツォに具現されていたのは、ほんとうだ。

　だが、支配者がこんな行状でいてフィレンツェの将来は安心できるものだろうか。安心どころか、心配のたねはひとつやふたつでない。コジモはきびしさと質素をしめしていたのに、ロレンツォは贅沢三昧《ざんまい》にふけった。コジモは業務にはげんだのに、ロレンツォは家業はほったらかしだ。メディチ家の財産がみるみる蕩尽《とうじん》されていったのは、当然だろう。もっとも、こういう祖父と孫との生活態度のちがいは、時代風潮のちがいなのである。というのは、ルネサンス初期に横溢《おういつ》した企業心はもうみられず、富をたくわえたブルジョアは、富をあたらしい企業に投ずるよりも金利生活者の安逸をむさぼるようになったから。ロレンツォは一四九二年に、四三歳の男ざかりで死んだ。臨終の床で、ドメニコ派修道僧サヴォナローラ（一四五二〜五八）にざんげしたとつたえられる。一代の驕児《きょうじ》と禁欲僧との出あいは、ルネサンスの終末を暗示するかのようだ。じじつ、ロレンツォの死を転機としてフィレンツェ内外の情勢は急変する。

フィレンツェ文化のかげり　ロレンツォ時代からフィレンツェ文化にかげりがさしはじめた次第を、ヒューマニストと芸術家のばあいについてみよう。古学復興にともなって多くのヒューマニストがあらわれた。しかし、だれの目にも明らかとなったことだが、初期のヒューマニストにみなぎっていた、人生や世界にたいする真剣な関心が失われ、古代の物知りにすぎなくなった。ガレンはこう指摘する。「初期ヒューマニズムは、おしなべて市民生活を強調し、人間による地上国家の自由な建設をとなえているが、一五世紀の終わり頃になると、現世からの逃避や瞑想的傾向が次第にはっきりとあらわれてきた。サルターティやブルーニに強調されている人生の讃美に加わってプラトニズムでは、哲学は死への接近として理解され、禁欲的調子をもって語られた」（『イタリアのヒューマニズム』）。ヒューマニストは一般市民から浮きあがり、パトロンの貴族趣味におもねるだけが能だった。

がんらいイタリア-ヒューマニズムはイタリア国民感情を母胎として発達した。このことは、中世いらいの外国人支配からのイタリアの解放の念を鼓吹《こすい》し、したがって専制君主というものをきらった。ところがそうした気風はだんだんうすれる。折しも、フランスやスペインが侵入の機をうかがっていたから、イタリアは風前のともしびだったのだ。危機はしかし、平和になれたヒューマニストの目にうつらず、貴族社会のなかでのうのうとしていたのである。このようなイタリア-ヒューマニズムの変化は、フィレンツェのばあいにはっきりとみることができる。たとえば新プラトン主義の流行だ。コジモが創設したプラトン学院は、ロレンツォの支持でいっそうさかんになった。院長フィチーノ（一四三三～九九）はプラトンばかりでなく新プラトン派のプロティノス（二〇四～七〇）を研究し、その著書を訳した。ところがプロティノスの世界観は美的かつ神秘的な特徴をもっている。それはまさに、貴族化した大市民の気分にうってつけなのである。『カマルドリ論議』における、ああしたはなやかな社交は上流市民の心象風景を彷彿《ほうふつ》させるではないか。

かげりは美術界にもみとめられる。前言したように、フィレンツェ派の特色は多様性と人間性にある。それらを一貫するのは、つよいリアリズムの精神だ。だがリアリズムが絶頂に達すると、あたらしい方向をもとめる。一五世紀末は写実主義から古典主義への転換期にあたる。そのよい例はレオナルド＝ダ＝ヴィンチだろう。かれは写実主義に徹しながら、しかも完成と調和の古典主義を志向してついにこれを達成するのだが、当時のフィレンツェ美術界に失望したあげく、ミラノへ去っていく。内面的な苦悶《くもん》もあったろう。が、直接の動機はロレンツォの芸術政策が気にそまなかったからである。ロレンツォはコジモのように大規模な造営事業をおこなわなかった。したがってフィレンツェの芸術家たちは活動の場をもてず、脾肉《ひにく》の嘆を発するばかりだった。名のある芸術家が、教皇や諸侯から招かれれば、わたりに舟と去った。そのためにフィレンツェ美術界はにわかにさびしくなった。それがロレンツォの思うつぼでもあった。すぐれた芸術家を他国におくりこんで名声をはくそうとしたからで。レオナルドがこうしたロレンツォの芸術政策にあきたらなかった気持はわかる。

こうして一五世紀末にフィレンツェ文化にはかげりがさした。そういうかげりは、せんじつめれば、フィレンツェが直面した政治的・経済的危機によって生じたものであったのである。

武器なき予言者

ロレンツォ亡きあとにたった息子のピエロ（一四七一〜一五〇三）は不肖《ふしょう》の子で、ようやくメディチ家にも衰微《すいび》のきざしがあらわれる。一四九四年の秋、フランス王シャルル八世（在位一四八三〜九八）はナポリ王国の相続を口実にイタリア遠征にむかった。当時、だれが予想したであろうか、この出来事がイタリアを国際政治の渦中に投じ、ついにはイタリア・ルネサンスの運命を決するにいたるのを。遠征の途次、フランス軍はフィレンツェに来襲したが、国民軍をもたず、その都度傭兵軍にたよっているフィレンツェは、なすすべをしらない。ピエロは償金二〇万グルデンをはらうほか、フィレンツェが悪戦苦闘した末にやっと征略したピサの独立をみとめるという条件で、シャルルと和をむすぶしまつだった。フィレンツェ市民は不甲斐《ふがい》ないピエロを放逐し、久しぶりに共和政を復活した。

復活してはみたものの、これぞという指導者がいない。いたずらに右往左往するばかり。このとき、彗星《すいせい》のようにあらわれ、いっ時ながら事態を収束したのがサヴォナローラだ。ジロラモ＝サヴォナローラは北イタリアのフェラーラにうまれた。ドメニコ修道院にはいり、一四八二年にフィレンツェのサン－マルコ修道院にうつり、一四九一年に院長となる。時はルネサンスの最高潮期だ。信仰は地をはらい、風紀はみだれにみだれている。かれは大聖堂の説教壇から市民にむかって警告する。「悔いあらためよ、時は近づいた。贖罪《しょくざい》せよ、さもなければ大いなるわざわいが必ずお前たちをおそうであろう」。はじめのうちは気ちがい坊主あつかいしていた市民も、だんだんかれの予言者的熱弁に動かされる。かれの説教が強烈な感銘をあたえたことは、『ヴィーナスの誕生』や『春』のような異教的な絵をかいていたボッティチェリ（一四四〇ごろ〜一五一〇）が、翻然《ほんぜん》としてサヴォナローラ信者になったことでも推察できよう。独裁者ロレンツォの死とフランス軍の来襲がかれの予言を裏がきしたように思われ、市民の人気は爆発的にたかまる。サヴォナローラはシャルル八世と交渉して、ともかく和議を成立させた。フランス軍がひきあげたあと、市民が共和政の指導を彼にゆだねたのは、当然の成りゆきであったろう。

しかしサヴォナローラがしいたのは市民的共和政ではなくて、神政政治だった。きびしい禁欲主

ソデリーニ

義からいっさいの奢侈《しゃし》や享楽を禁じ、市民の道徳的更生をはかった。そればかりか、ルネサンスの風潮にそまったローマ教会にも非難の矢をはなって教会改革をさけぶ。宗教改革の先駆者といわれるのはそのためだ。狂熱的信仰は、一四九七年と九八年のカーニバルにおける「虚栄の焼却」でクライマックスに達する。装飾品やみだらな絵、いかがわしい書物が政庁前広場にあつめられて火をはなたれた。

とはいえ、こうしたきびしいやり方に不満をもつ反対派が、フランチェスコ派修道僧らとむすんでサヴォナローラ排斥にでる。非難をあびた教皇アレクサンデル六世（在位一四九二～一五〇三）は、サヴォナローラを異端者として破門を宣告する。うしろ立てになってきたフランス王も、事めんどうと援助をうちきる。孤立したかれは教皇にとらえられ、審問ののち有罪に決した。そして「虚栄の焼却」をおこなった同じ政庁前広場において焚刑《ふんけい》に処せられた（一四九八年五月二三日）。神政政治は四年で終止符をうった。サヴォナローラ事件の一部始終をみていたマキアヴェリは、一五年のちにこうかく。「武装せる予言者はみな勝利を占め、備えのない予言者は滅びる。民衆の性質は変わりやすい。大衆がサヴォナローラのことばを信じなくなりはじめるやいなや、彼は自分の定めた新制度もろとも滅びたのであった」(『君主論』六)。

自由都市フィレンツェの末路

サヴォナローラの失脚後、フィレンツェ共和政府は指導者がおらず、外国貿易の不振で経済的にも困難におちいった。一五〇二年に憲法改正がおこなわれ、貴族で富豪、かつ市民に人気があったピエロ＝ソデリーニ(一四五二〜一五二三)が終身の「正義の旗士」に任命され、内治外交にあたることになる。ソデリーニ治下におけるフィレンツェの政治情勢はマキアヴェリの活動とパラレルにすすむから、つぎの章で跡づけることにして、フィレンツェの末路をさきどりしておこう。

共和政府は、財政の逼迫《ひっぱく》に加えてメディチ家の復帰にそなえなければならなかった。が、致命的だったのは対外関係の悪化だ。ロレンツォの時代に保持されていた諸国の勢力のバランスが、フランス軍の侵入のためにやぶれ、今後は、フィレンツェをふくめてイタリア全体が国際政局の大波にもまれつづける。一五〇八年にカンブレー同盟(ヴェネツィア対ローマ教皇・イタリア小国・ドイツ・フランス・スペイン)、一五一一年に神聖同盟(ローマ教皇対ドイツ・フランス)が成立して、イタリアは国際政治の焦点となるのである。文化を保護奨励する余裕があるはずがない。

フィレンツェは日和見《ひよりみ》をきめこんでいたものの、神聖同盟が教皇に優勢をもたらし、フランスの旗色がわるくなると、従来親フランス的だったフィレンツェは窮地におちいる。とうとう一五一二年に、教皇ユリウス二世(在位一五〇三～一三)やスペインなどの反フランス同盟国がフィレンツェ共和政府をたおし、かれらの支援でメディチ家がもどってきた。一五二七年にドイツ皇帝カルル五世(在位一五一九～五六)の凶暴な軍隊がローマを掠奪する。このいわゆる「ローマの劫掠《こうりゃく》」のさい、フィレンツェ市民はメディチ家の当主アレッサンドロをいったん追放したけれど、教皇のクレメンス七世(在位一五二三～三四)がメディチ家の出だったため、ふたたびアレッサンドロを支配者とした(一五三〇)。フィレンツェ共和政はここに歴史上からすがたを消した。

共和政はこうして幕をとじた。とはいえ、ルネサンス文化史上、自由都市フィレンツェはさんぜんとかがやくことであろう。ルネサンス文化はこの自由コムーネにうまれた。ゆたかな経済生活は教養社会をうんだ。ダンテをはじめ、多くの詩人・学者が、この町を故郷とするか、心のふるさととした。古代文化の復興もこの市を中心とした。詩文の隆盛ばかりでなくて美術も栄えた。中世ゴシックの克服から写実主義をへて古典主義にいたるまで、フィレンツェは大芸術家の揺籃《ようらん》であり檜《ひのき》舞台だった。フィレンツェこそは、精神的意味においても「花の都」とよぶにふさわしい。フィレンツェはルネサンスの生と死に立ちあった、歴史の証人であったのである。

イタリア諸国の情勢

日本では　ご承知であろうが、日本の戦国時代というのは、応仁の乱（一四六七）から、織田信長（一五三四〜八二）が一五代将軍足利義昭（一五三七〜九七）を奉じて上洛したとき（一五六八）までの一〇〇年をさす。応仁の乱後、室町幕府の権威は地におち、領国の統治を完全にはたしえなかった守護大名の部下のなかから、守護代・小領主・土豪などがおこって守護大名をつぎつぎに没落させ、あたらしい戦国大名として割拠独立し、たがいに覇を争った。戦国時代は下剋上《げこくじょう》が風靡《ふうび》した時代で、主君を殺し、骨肉あいはむ光景がいたるところにみられた。この混乱のなかから、旧秩序にかわる新秩序がめばえる。日本史上、これほど活気にみちた時代はめずらしい。

戦国大名はきそって富国強兵策をとり、耕地開発と治水につとめ、産業をおこした。その一方で、ヨーロッパ中世末期にジャックリーの乱（一三五八）とかワット＝タイラーの一揆（一三八一）がおこったように、土一揆《どいっき》（農民の反抗）がおこった。海外貿易がすすみ、堺や博多に町人の自由都市がいっ時ながら繁盛した。北山・東山文化のような貴族文化が栄える一方で、庶民的な芸能や文学が栄えた。日本の戦国時代は、イタリアではルネサンス盛期のころにあたる。両者におどろくくらい類似性が見いだせる。戦国乱世の英雄や一匹狼は、日ごろなじみが深いけれど、ルネサンス時代のイタリアにもいた。

前節でフィレンツェおよびメディチ家の盛衰を一瞥《べっ》したから、本節では視野をひろげて、イタリア諸国の情勢をみることにしよう。マキアヴェリの政治思想を成熟させた現実をいっそうよく理解するために。

ヴィスコンティ家悪業伝　一五世紀半ばにイタリアでは、北部のミラノ公国、ヴェネツィア共和国、フィレンツェ共和国、中部のローマ教会国家、南部のナポリ王国が五強国とされ、そのあいだに小侯国が介在《かいざい》した。二、三の国を紹介しよう。まずミラノを治めたヴィスコンティ家だ。マッテオ一世(一二五〇〜一三二二)は位をおわれて亡命した。敵の使者がきて、「いつミラノに帰るか」と問うと、「お前たちの主人の非行がわしの非行を上まわるようになるとき」と平然と答えた。当時、ミラノで国家の重要行事は君主のいのしし狩りだった。じゃまするやつは片っぱしから処刑される。そのため民衆は君主のために五〇〇〇匹からの猟犬を飼わなくてはならなかった。民衆にひとかけらのあわれみもかけない。数代をへてガレアッツォ(一三五二〜一四〇二)がでたころ、ミラノは北イタリアの大半を征服していた。かれはヴィスコンティ家歴代の君主のうちでも名うての暴君だが、どえらいことをやる点でもずばぬけていた。三〇万グルデンを投じて巨大なダムをつくったり、大きさと華麗さにおいてキリスト教界のあらゆる教会をしのぐといわれるミラノ大聖堂を建造したりした。

息子のジョヴァン＝マリーア（一四一二没）とフィリッポ＝マリーア（一四四七没）も、親ゆずりの残忍性を発揮した。ジョヴァンは犬ずきだった。犬はふつうの猟犬とちがい、人をひきさくようにしこまれた。戦争がつづいて飢えにくるしんだ民衆が、「平和を、平和を！」とさけんだ。すると、傭兵をきりこませ、たちどころに二〇〇人を殺した。いらい、平和ということばはタブーとなり、おかすものは絞首刑をうけた。しかし天罰てきめん、ジョヴァンは反乱者の手で殺された。フィリッポも一風《いっぷう》かわっていた。不意打ちをおそれ、城郭から一歩もでない。城内のものもたえず監視させる。外に合図するおそれがあるので、窓べにたつことをゆるされない。こういう用心深さのおかげで非業の死はとげずにすんだ。フィリッポの死でヴィスコンティ家の男系がたえ、むこのフランチェスコ＝スフォルツァ（一四〇一～六六）がつぐ。というより、主家をのっとったのだが、これがまた、一筋縄でも二筋縄でもいかぬ男で、コンドティエレ（傭兵隊長）の成りあがりだ。

コンドティエレ群像

戦争にあけくれたイタリアの小君主や都市国家にとって、傭兵ほど重宝《ちょうほう》なものはなかった。小国家には、軍費はばかにならぬ負担である。だから戦争は傭兵に請けおわせる。こうした傭兵の親分がコンドティエレだ。軍人を職業とするから、君主

ガッタメラータ騎馬像

や都市と契約する（condotta《コンドッタ》とは傭い主との契約の意）。契約がむすばれると、歩兵や騎兵の数、大砲の数から短期長期の戦闘にいたるまで、いっさい合財、コンドティエレにおまかせだ。「毎度ありぃー」というわけで、愛国心からたたかうわけでない。勝勢をつくればよい。こんな八百長《やおちょう》的な気味のある戦争では、味方の損傷は一大事である。もとも子もなくするから。戦争がはじまると、コンドティエレはひっぱりだこである。大半が金めあてだが、なかには一国一城のあるじになったものもいる。

たとえば、カルマニョラ（一三九〇～一四三二）は、氏素姓《うじすじょう》のない農夫の子であった。ミラノ公につかえて手柄をたてた。公の疑いをうけると、敵のヴェネツィアに寝がえりをうち、ヴェネツィアのために逆にミラノ公をやぶった。とどのつまり、ヴェネツィアにもにらまれて首をはねられたけれど。コレオニ（一四〇〇～七五）は、ヴェネツィア、ミラノ、ふたたびミラノとかわるがわるサービスした。ガッタメラータ（一三七〇ごろ～一四四三）も名だたく、フィレンツェの彫刻家ドナテロ（一三八六ごろ〜一四六六）はかれのために青銅騎馬像をつくった。パドヴァのサント＝アントニオ寺院の前にさっそうとたっているのがそれだ。イタリアの混乱した政局と「金の世の中」の実利主義がうみおとした畸型児《きけいじ》だが、武勇で名をはせたばかりか、教養人としてきこえたコンドティエレもいる。フェデリゴ＝モンテフェルトロ（一四二二〜八二）なんかは、ナポリ王やイタリア同盟軍にやとわれて、しこたまもうけた。その金でウルビーノに壮麗《そうれい》な宮廷をいとなみ、文人・芸術家をまねき、めずらしい書物や美術工芸品をあつめた。じしんもすぐれた教養人だった。著名なヒューマニストのカスティリオーネ（一四七八〜一五二九）がかいた『宮廷人の書』は、かれが一時つかえたウルビーノにおける経験をもとに、紳士道をといた本である。

「強襲のひと」と「凶悪のひと」

こうしたコンドティエレのうちで最大の成功をはくしたのが、フランチェスコ＝スフォルツァである。父もやはり傭兵隊長で、ナポリや教皇のためにたたかって勇猛のほまれがたかかったところから「スフォルツァ」（強襲のひと）の名をえた。ヴィスコンティ家がたえたとき、フランチェスコはヴェネツィアとたたかっていたが、和睦《わぼく》して急拠《きゅうきょ》ミラノにかえり、主家をうばった。ジェノヴァを征服してロンバルディア地方に覇をとなえたが、内治でも業績をあげた。こんにち、ミラノはイタリア随一の商工業都市だが、ヴィスコンティ家・スフォルツァ家の文化奨励でみるべきものが多い。げんざい考古学美術博物館になっているミラノ城はフ

ロドヴィコ＝イル＝モロ

ランチェスコの造営だ。

フランチェスコの子のガレアッツォ＝マリーア（一四四四～七六）は気まぐれで残酷だったため、最後は暗殺された。子のジョヴァンニ＝ガレアッツォ（一四六九～九四）は凡庸で、叔父のロドヴィコ＝スフォルツァ（一四五二～一五一〇）が実権をにぎり、甥《おい》の死後、ミラノ公を称した。この簒奪《さんだつ》がフランス王シャルル八世の援助でおこなわれ、フランスの北イタリア侵入のきっかけとなるから、ご記憶ねがいたい。ロドヴィコは色が黒かったゆえか、「ムーア人ロドヴィコ《ロドヴィコ・イル・モロ》」とよばれた。ムーア人をあらわす「モロ」には「黒い」という意味もあり、これは、「すごい」とか「凶悪」の意だ。このほうが実感がこもっていよう。専制君主の例にもれず、警戒心がつよい。人々を謁見《えっけん》するさいは柵《さく》でへだて、大声をださないと、はなしが通じない。こんな君主でありながら、学者・芸術家を優遇した。レオナルド＝ダ＝ヴィンチもそのひとりだ。住所不定のレオナルドは、どこが気にいったのか、ミラノには長逗留《ながとうりゅう》した。ロドヴィコは、はじめフランスと仲がよかった。やがて不和をきたし、ルイ一二世（在位一四九八～一五一五）によってミラノを占領された。その後いったん回復したけれど、ふたたびやぶれ、とらえられてフランスで獄死する。

ルネサンス的教皇

これまでの叙述で、ローマ教会国家についてあまりふれなかった。ありていにいうと、中世末からルネサンス時代にかけて、自治都市が発展したのにひきかえ、ローマはみる影もなく衰えていた。なるほど、一三〇〇年にローマ祝典がおこなわれはした。それとてもかつての勢威の残照にすぎない。げんに、ジョヴァンニ＝ヴィラーニ（一二七六ごろ〜一三四八）というフィレンツェの商人は、祝典に列したとき、「ローマは衰えつつあるが、私の祖国は上昇しつつあり、偉大な事業をとげる用意ができている。だから私は祖国の過去をすべて記述しよう」と思い、フィレンツェにもどるが早いか、『フィレンツェ年代記』の執筆をはじめた。ヴィラーニがいうとおり、ローマは衰えていた。教皇のバビロン幽囚（一三〇九〜七七）、教会分裂《シズマ》（一三七八〜一四一七）と不祥事がかさなっては、衰えるのも当然だろう。教皇あってのローマだ。不在のローマは荒廃がはなはだしく、小貴族が争い、野盗が横行する無秩序状態を呈した。

このように一五世紀はじめまで教会国家はふるわなかったけれど、マルティヌス五世（在位一四一七〜三一）のときに教会分裂がやっと終わった。ルネサンスの進展におくれをとった歴代の教皇は、鋭意、政治と文化の両面でおくれをとりもどそうとする、宗教活動は二のつぎにして。ここに「ルネサンス的教皇」があらわれる。ルネサンス文化の奨励につとめる一方、権謀術数《けんぼうじゅつすう》にうき身をやつす。聖なる神の代理人が、俗臭ぷんぷんたる君主に早がわりする。そういう例をふたりばかりあげよう。

アレクサンデル6世

おぼえていられるだろうか、サヴォナローラを破門した教皇アレクサンデル六世を。本名をロドリゴ＝ボルジアといい、スペインの出である。叔父カリストゥス三世(在位一四五五〜五八)のひき立てによって枢機卿に任命され、昇進してバレンシア大司教となった。このあいだ、放縦《ほうじゅう》な生活をおくる。インノケンティウス八世(在位一四八四〜九三)のあと、聖職買収でペテロの座にすわる。ローマの遊女とのあいだにできたチェーザレ＝ボルジア(一四七五〜一五〇七)と共謀して教皇領の拡大につとめ、外では異教国トルコと同盟することさえ辞さなかった。その結果、教皇権はいちじるしく強化された。ところが急死した。一説では、ある日、ぶどう園に数人の枢機卿を招待した。かれらの財産と枢機卿のポストを手にいれようと毒殺をたくらんだのだ。あろうことか、父子はまちがって招待客用の毒入りぶどう酒をのんだ。アレクサンデルは七転八倒《しちてんばっとう》ののち絶命、チェーザレは危うく一命をとりとめた。ほんとうは、マラリヤにかかり、高熱が老人のいのちをうばったのだが、こんなうわさがまことしやかにつたわるほど、ふだんの素行《そこう》がよくなかったのである。

このアレクサンデル六世のあとに、犬猿の仲であったユリウス二世(在位一五〇三〜一三)がたった。教皇位につくまでにどれほど策略をめぐらしたことか。だが教皇としては一流だ。老齢にもかかわらず奮闘して、教皇権の確立と教皇領の拡張に成功した。アレクサンデルとちがってイタリア人の血をうけたユリウスは、イタリアからの外敵撃退を念願した。一六世紀のはじめにイタリア諸国が不振ななかで、「アドリア海の女王」ヴェネツィアのみは勢いがさかんだった。これがユリウスにはしゃくのたねで、ドイツ・フランス・イタリア諸国とカンブレー同盟をむすんでヴェネツィアを屈服させる。ヴェネツィアがやぶれたのと入れかわりにフランスの勢力が北イタリアにのびる。すると、「蛮族をうち払え！」と大号令を発してフランスにたいして神聖同盟をむすび、とうとうこれを撃退する。まさに「軍人教皇」の名を恥かしめない。

こうした積極性は学芸保護にもしめされる。ローマのサン－ピエトロ大聖堂を起工し、建築家ブラマンテ（一四四四～一五一四）やミケランジェロ（一四七五～一五六四）に設計させ、ヴァティカン宮内のシスティーナ礼拝堂の天井画にミケランジェロを、壁画にラファエロ（一四八三～一五二〇）を起用した。システィーナ礼拝堂の天井画『天地創造』をみるひとは、ミケランジェロの天才を讃嘆しないわけにいかない。と同時に、ユリウス二世の広大な気宇《きう》にもうたれずにいられない。ローマの美術ルネサンスはいまやフィレンツェのそれを凌駕《りょうが》する。なにしろ教皇の権力と財力があるのだから、できないことはない。こうしてユリウスはローマに公会議をひらいて得意の絶頂にいるとき、風のように死におそわれた。ルネサンス的教皇の面目躍如としている。

チェーザレ＝ボルジア

権力の魔神 チェーザレ

話かわって、アレクサンデル六世の急死はチェーザレ＝ボルジアの運命を狂わせた。チェーザレは三人兄妹の長兄にあたる。父のひきたてで、一七歳ではやくも枢機卿になった。弟殺しの疑いで枢機卿をやめてから教皇使節としてフランスにいき、ルイ一二世の信頼をえた。ルイの媒酌《ばいしゃく》で王のいとこのナヴァール王妹と結婚して帰国する。それからというものは、父の教皇とフランス王との勢威をかさにきて、ロマーニャ・ペルージア・シエーナ・ウルビーノなどの小国を攻略し、教皇領をひろげる。功によりロマーニャ公（ヴァレンティーノ公ともいう）に封ぜられた。チェーザレはアレクサンデルに輪をかけた悪人であって、その悪業はとても尋常《じんじょう》とは思われない。兄弟だろうと親戚だろうと、不都合が生じしだい、殺してしまう。じつの妹さえ、政略の具にしてはばからない。夜な夜なローマの町を殺人のためにうろつき、人々から悪鬼のようにおそれられた。白刃《はくじん》をふるわないばあいは、毒殺という手を用いる。「ボルジア家の毒薬」は味のよい白いこなで、料理や飲みものにまぜる。ジワジワききめをあらわす。この手で何人の人間を冥土《めいど》に送ったことか。チェーザレ父子があやまって毒をのんだとは！　前述のように、じつはマラリヤにかかったのだが。

さすがのチェーザレも病いにはかてない。気力はおとろえる、日ごろ緻密《ちみつ》なあたまはおかしくなる。ついに、アレクサンデルと仲のわるいデラ＝ロヴェレ枢機卿を新教皇（ユリウス二世）に推すというヘマをやった。さじかげんしてもらえるとでも思ったのだろうか。あいにくと、ユリウスはそう甘くはなかった。病床にふすチェーザレをとらえ、ローマのサン－タンジェロ牢獄におしこめ、それからスペインへ追放した。ところがチェーザレは逃れて妻の実家のあるナヴァールにいき、ナヴァール王軍を助けて反乱軍とたたかううち、戦死をとげた。フランス軍はイタリアから撤退していて、救いの手をさしのべなかったのだ。チェーザレ＝ボルジアは、波乱にとむ生涯、端倪《たんげい》すべからざる性格において、ルネサンス末期における悪虐政治家のなかで群をぬく。のちにマキアヴェリは『君主論』でチェーザレの人間像をきざむであろう。

イタリア－ルネサンスの光と影

以上、一五、六世紀におけるイタリアの支配者をいく人かあげてみた。けんらんたるルネサンス文化をうんだイタリアにこのような暗黒地帯がひろがっていたとは、諸君は信じないかもしれない。しかし「花の都」フィレンツェが、政治的陰謀、欺瞞《ぎまん》、裏切り、暗殺をくりかえし、権力者のたえ間ない浮き沈みをしめしたことは、すでにしったはずではないか。いったい、ルネサンス時代は中世から近代への過渡期であって、近代的なものがおこってくるいっぽう、中世的なものがまだのこっていて、新旧文物の衝突が生じ、混乱におちいった。たしかなことは、そうした衝突と混乱のなかから、しだいに近代的なものが優位をしめていくことである。ルネサンスをたんに近代志向的とみなすのは正しくない。歴史の光と影が、この時代におけるほど複雑微妙にまじりあったことはなかった。イギリスの歴史家プラムがつぎのようにいっている。少し長い引用だが、まとめに代えさせてもらおうか。

「知的・芸術的活動のほとんどあらゆる分野におけるイタリアの偉業が暴力と戦争の世界の中で成し遂げられたと思うと、深刻な気持にさせられる。都市は不和と殺し合いで引き裂かれていた。ミラノはヴェネツィアと戦い、フィレンツェはピサと、ローマはフィレンツェと、ナポリはミラノと戦った。同盟が結成されたかと思うとたちまち破れ、田舎は絶えず略奪、分捕り、戦闘によって傷けられ、この渦巻の中で古い社会の絆《きずな》は破られ、新しい絆がつくられた。しばらく平和が続いた後、一五世紀の後半になって、シャルル八世、ルイ一二世、およびフランソア一世によるフランスの大侵略により、混乱と虐殺はいよいよ激化した。この苦悶の時代は、神聖ローマ皇帝カルル五世による一五二七年の恐るべき略奪に至るまで続いた。ところがこの暴行は人々の見方に深刻な影響をあたえた。人々は人間の運命に対する解答を、教会のドグマの中に求めることを止めた。人々は、真理に導いてくれるかも知れないような先例を求めて古代の史書を探求したが、また、マキアヴェリのように、自分たちの生きている世界を、自分たちが人間の本性とみとめたものによって解明しようともした。最も独創的な精神の持主の中の幾人か、特にマキアヴェリとレオナルド＝ダ＝ヴィンチは、真理を議論に求めず、観察に求めた。ルネサンス期の人々は、彼らの広範な探求と新鮮な懐疑心と鋭い観察とによって、真理を天上でなく地上に求める立場を刺戟《しげき》し、またかような立場に理知的な賛成を得るように促した」(『イタリア・ルネサンス』石上良平訳)。

国際情勢とイタリア

フィレンツェの発展、メディチ家の盛衰、当時のイタリアの支配者の生きざま死にざまをざっとみたので、いよいよマキアヴェリの出番《でばん》となるわけだが、ちょっと休憩《きゅうけい》したい。そして休憩中に、フィレンツェ－イタリアをとりまく国際情勢をあたまにいれておこう。というのは、イタリアの衰退は直接には外部からの衝撃によってひきおこされたものであり、マキアヴェリはそういう国際情勢のなかでイタリアの動向を冷厳《れいげん》な目でみた最初の人間だったのだから。

さて、中世末期における歴史的変動のうちで、西ヨーロッパにおける王権の伸張と民族国家の成立はとくに注目に値するのではなかろうか。

イギリスでは、プランタジネット朝のジョン(在位一一九九～一二一六)の失政を機に「大憲章」が発布(一二一五)され、エドワード一世(在位一二七二～一三〇七)のときに模範議会と称される身分制議会ができた。フランスはながく封建的分裂にくるしんでいたが、フィリップ二世(在位一一八〇～一二二三)は諸侯をおさえ、イギリス王ジョンからフランスにおけるイギリス領の大部分を奪還し、ルイ九世(在位一二二六～七〇)は南フランスにまで王権をのばした。フィリップ四世(在位一二八五～

一三一四）は三部会を召集し、ローマ教皇を捕囚同然の身にした。かようにイギリスおよびフランスは競合しつつ発展をとげたけれど、百年戦争（一三三九〜一四五三）はさらに王権の伸張に幸いした。それというのも、長期にわたる戦争で諸侯騎士が多く没落したからである。シャルル八世はフランス全土の統一に成功し、さてこそ余勢をかってイタリア遠征にのりだしたわけ。イギリスでも王位継承をめぐってばら戦争（一四五五〜八五）がおこり、その結果、あらたにヘンリ七世（在位一四八五〜一五〇九）がテューダー王朝をひらいた。南に目をむけると、スペイン半島では北部のキリスト教国が国土回復運動《レコンキスタ》をおこし、八世紀いらいここに蟠居《ばんきょ》していたイスラム勢力の駆逐につとめた。一四七九年にカスティラ・アラゴン両国が合併して、スペイン王国を建設した。ポルトガルは一二世紀末にカスティラから独立したが、スペインとポルトガルは大航海時代のパイオニーアとなり、やがてヨーロッパのみならず世界の歴史に大変動をひきおこす。

諸君が高校世界史でならったことを復習してみたが、こうした西・南ヨーロッパ諸国の形勢は、あいかわらず兄弟げんかをくりかえしているイタリアと対照をなすことを注意したかったからだ。

ところで、中世封建時代では主権というものがきわめてあいまいであった。近代国家は主権的ということで中世国家から区別されねばならぬ。主権的とは、国家が自己の領土内において最高絶対の支配権をもつ状態をいう。そして主権者はさしあたっては君主である。君主は封建勢力をたおして国家・国土の統一をはかる。君主が絶対支配権と強制力をもつと、政治はいきおい権力的と化す。そうした近代国家が出現すれば、国家相互の利害の対立とか衝突がおこらずにいない。もうキリスト教的ヨーロッパの統一理念や連帯性（十字軍を思いだされよ）などは念頭におかず、それぞれの国家的利益《ナショナル・インタレスト》を追求する。国家的利益は、国内的には部分的・地域的な利害の克服をめざすけれども、国際的には領土や権益の擁護ないし拡大をもとめる。ルネサンス時代は、まさしく西ヨーロッパにおいて主権国家間の関係すなわち国際関係と、国家間の抗争すなわち国際戦争が生じたときなのである。

このような近代国家・政治の原型がつくられ、露骨な権力闘争がおこったのがルネサンス時代のイタリアだった。政治的分裂と混迷が権力闘争をむきだしにしたのだ。イタリアはまた、国際戦争の最初の焦点となった。分裂したイタリアが西ヨーロッパ諸国に絶好の侵略目標と見えたことにふしぎはあるまい。シャルル八世の侵入を皮切りに、イタリアはあっという間にヨーロッパ勢力の角《かく》逐《ちく》場となる。マキアヴェリの目は、フィレンツェ－イタリアの国内闘争や西ヨーロッパ諸国の国際闘争のうえにじっとそそがれる。そうした観察にもとづいて独自な政治学を構築する。前人未到《みとう》の領域に斧《おの》をいれたというべきであろう。

Ⅱ　マキアヴェリの生涯

共和政庁にはいるまで

幼少年時代

ニッコロ＝マキアヴェリは、一四六九年五月三日、法律家ベルナルド＝ディ＝ニッコロ＝マキアヴェリ（一四二八～一五〇〇）を父、バルトロメアを母としてうまれた、「きっすいのフィレンツェ人《キヴェス・フロレンティーニ》」だ（ふたりの姉、弟トットの四人姉弟）。マキアヴェリ家はギベリン党にぞくし、家名はかなり古くからフィレンツェの歴史に見えている。いちおう貴族だが、うえに「貧乏」がつくほうだ。ベルナルドの代にはすっかり落ちぶれていた。同業組合の弁護士でやっとくらしをたてるありさまだったから、家族をやしなうために万事きりつめねばならなかった。赤貧《せきひん》あらうがごとし、とまではいわないにしても、マキアヴェリは幼少時から（晩年もそうだったが）まずしい生活に甘んじなくてはならなかった。ただ、父ベルナルドは古代の書物をあつめる趣味があり、なかにキケロやリウィウスがはいっていた。マキアヴェリがはやくから古典に親しんだのは、父のそうした趣味のおかげである。

マキアヴェリの幼少時代のことはまるきりわからなかった、ベルナルドの『回想録』が第二次大戦後に発見されるまでは。いくらか些細《しさい》な事実が明るみにでたものの、この『回想録』が一四八七年の記事でプッツリきれているため、かんじんなことはわからない。いくらか些細な事実が明るみにでたとは、たとえば、一四七六年に七歳のマキアヴェリが、マッテオというひとからラテン語の初歩をならったとか、翌年からサン＝ベルネデット教会のバッティスタ＝ポッピという先生からラテン語をならったとか、一四八〇年、一一歳のときに算術をならいはじめたとかである。当時、裕福な家は個人教師をやとう例になっていた。個人教師をつけなかったことからでも、マキアヴェリ家の不如意《ふにょい》が察せられよう。

一四八六年、一七歳のとき、父にかわってリウィウスの『ローマ史』の製本を製本屋からうけとり、礼として、赤ぶどう酒三本と酢一本をわたしてきた。なんともつまらない記録だ。しかし、マキアヴェリがのちにもっとも傾倒したのがリウィウスだったことをかんがえると、つまらない記録のなかに、マキアヴェリの精神形成の遠い素因がかくされているともかんがえられようか。このようにラテン語にはある程度習熟したけれど、ギリシア語を学んだ形跡はない。そのころフィレンツェの思想界では新プラトン主義が流行していて、ギリシア語の習得は当然のこととみられていただけに、奇異な感がする。マキアヴェリは詩作や劇作をおこなった。が、芸術家気質には縁がなかったようだ。ルネサンスの文芸や美術にたいしても、さほど関心をもたなかった。ギリシア語を学ばなかったのは、そういう余裕がなかったとか機会がなかったとかいうことではなくて、無関心だったからかもしれない。ともかく、父ベルナルドの『回想録』はこのへんで終わっているから、幼少時代のことをさらにくわしくしるよすがはまったくない。

では、青年時代はどうか。それも全然ない。マキアヴェリ研究家にとっては残念無念というほかない。もっとも、壮年以後のことはいろいろなかたちでしるしているから、幼少年時代や青年時代の回想などはどうでもよいことだ。しかし伝記的事実は欠落しているものの、フィレンツェにおこった出来事から深刻な影響をあたえられたこと、これは一点の疑いもない。でなければ、マキアヴェリがフィレンツェ共和政庁にはいったとき、あれほど確固とした思想形成をなしとげていたはずはない。

政治世界への開眼

ここで、前章でのべたことがらを思いだしていただこう。一四七八年（九歳）のとき、例のパッツィの反乱がおき、ロレンツォ＝デ＝メディチはあやうく虎口《ここう》を脱した。一四八〇年（一一歳）には、ロレンツォがフィレンツェの行政改革を断行してメディチ家の支配体制をかためた。フィレンツェの内紛をおさめ、堂々と四隣を圧した王者的風貌から、子供心にもつよい印象をうけたにちがいない。げんに、のちにかいた『フィレンツェ史』では、ロレンツォのくだりはとりわけ生彩にとんでいる。筆致から推して、ロレンツォと面識はむろんなかったにしろ、かれを見しっていたのは明らかである。一四九〇年（二一歳）にサヴォナローラがフィレンツェにきて、サン－マルコ教会で予言者的な説教をおこない、市民に警鐘をならしていた。マ

サヴォナローラの焚刑

キアヴェリがサヴォナローラの説教をきいたことも、疑う余地がない。一四九二年にロレンツォが没したとき、かれはもう二三歳になっていた。翌九三年にフランス王シャルル八世が来攻し、メディチ家のピエロが追われ、一四九五年にサヴォナローラの指導のもとで新政権が成立した。しかしかれも焚刑に処せられた。これら一連の出来事をマキアヴェリはどのように思ったか。ピエロの狼狽《ろうばい》ぶりに愛想《あいそう》をつかしたろう。あたりを払うフランス軍の威風を讃嘆するとともに、かれらの狼藉《ろうぜき》にさぞかし憤慨したことだろう。サヴォナローラの宗教的熱情にはうたれながらも、「武器なき予言者」のもろさを痛感せずにいられなかっただろう。群衆にまじってサヴォナローラの凄惨な火刑を目のあたりにみたかもしれない。とまれ、これらの出来事がマキアヴェリに政治世界への目をひらかせた、そう想像してもまちがいはあるまい。

　サヴォナローラが処刑（五月二三日）されてから五日の

ちの五月二八日、ニッコロ＝マキアヴェリはフィレンツェ共和政庁第二書記局書記官に正式採用される。現実政治にたずさわるときがきた。ときに二九歳、青年から壮年にうつろうとするころである。

東奔西走

書記官マキアヴェリ

フィレンツェ政庁《シニョーリア》にはふたつの官房《カンツェレリア》(事務局)がおかれ、第一官房は外交と文書を、第二官房は内政と軍事をあつかう。第二官房のほうがじっさいは重要だが、格では第一のほうが上で、官房長には博士、公証人、名のとおった文人が任ぜられるしきたりだった。当時、フィレンツェ大学の文学教授として名声をはくしたマルチェロ＝ヴィルジリオ(一四六四〜一五二一)が第一官房長をつとめていた。無名の新人マキアヴェリが書記官のポストをえたのは、このマルチェロの推せんによるといわれる。かねがねマキアヴェリと師弟関係にあったからだ。また一説には、第一官房長の前任者であるバルトロメオ＝スカラが、父ベルナルドと仲間同士だったために、友の子を推せんしたともいう。まあ、だれの推せんだろうと、たいした問題ではない。ともかく、マキアヴェリは第二事務局書記官に採用され、同年六月に書記長に昇進した。七月にはさらに「軍事委員会」の事務をも担当した。「軍事委員会」は、正確には「自由と平和に関する十人委員会《ディエチ》」と称され、シニョーリアの統轄《とうかつ》下にあるとはいえ、独自の使命をおびていた。外国に使節を派したり、諸国と条約をむすんだりするほか、軍事にもあずかる。マキアヴェリはこのような重大任務をもつ十人委員会のあらゆる会議に出席して、議定書や訓令の草案をつくる。無名の青年にとっては異数の抜擢《ばってき》といってよかった。

マキアヴェリはそうした重い責任をおわされ、これを十分にはたした。じじつ、一五一二年九月に職を免ぜられるまでの一四年間、共和政府のために身を粉にしてはたらいた。わが国でイタリア通としてしられる山崎功氏によると、現代のイタリア人は一般に制度上の改革に無関心であって、仕事の能率の悪さがめだつそうだ(『イタリア人』)。事情は、一六世紀でも大差がなかったのではなかろうか。マキアヴェリはフィレンツェの内政や軍制について改革の熱意にもえ、しばしば改革を進言したけれど、なかなかきいてもらえなかった。政府部内をみわたしても、能吏という点でかれの右にでるものはいなかった。共和政府の能率の悪さの反証になるかもしれない。かれが職務にはげんだ証拠に、かれの手になる報告や十人委員会での草案がおびただしい分量に達しているのである。「これらの書類はかれの実験室なのであって、そのなかで政治的世界の全体を推論するために諸事件のしたたりを分析する。かれは支配の世界に達するために自分の事務机からはなれようなどとは毛頭かんがえない」(マルク『マキアヴェリ――権力の学派』)。フライアーもいう。「かれはあくまで観察者だ。政治的人間のふたつの部分である権力意志と闘争本能をもっていない。権力意志ではなくて活動欲、闘争本能ではなくて知的鋭敏が、かれに固有のものだ」(『マキアヴェリ』)。だからこそかえって権力意志や闘争本能の実態をみやぶることができたのではないか。マキアヴェリじしんが政治家でなくて事務家だったことが、こうした知的鋭敏と関連しているだろう。

マキアヴェリの風貌

事務家気質ということのほかに、顔貌《がんぼう》も性格を判断する材料になる。「彼の鋭い顔の輪郭や、広い額、大きく反った鼻からも、この人物においては、徹頭徹尾、知性が支配的であることを認めうる。聡明な目や鋭く引きしまった皮肉な口もとも、それを示している。だが、ひっこんだ弱々しい顎《あご》は、彼が行動の人ではなく、思索の人であることを現わしている」（フォルレンダー『マキアヴェリからレーニンまで』宮田光雄監訳）。諸家の観相学的判断はだいたい一致している。だが、「皮肉な口もと」ということばは、ちょっと気になる。誤解されやすいからだ。いったいマキアヴェリはシニカルな男だったのであろうか。わたくしは、フィレンツェのパラッツォ－ヴェッキオ美術館で、長年みなれた肖像画や胸像の実物をみた。ためつすがめつみた。しかし、シニカルな感じはしなかった。むしろ、ここにいるのはひとりの率直《そっちょく》な男だ。かれは人間や事物をあるがままにみ、みたとおりにのべたにすぎない。どうして後世はマキアヴェリを犬儒的とか皮肉とか解したのであろうか。先入見からそう解したとしか、わたくしにはかんがえられない。

げんざい、もっとも信用がおけるマキアヴェリの伝記をかいたロベルト＝リドルフィはこうのべている。「われわれはいくつかのマキアヴェリの肖像画をもつが、マキアヴェリが良き日に交際したレオナルド＝ダ＝ヴィンチのみが、マキアヴェリのかすかな、あいまいな微笑のほんとうの意味を、線と色彩とでわれわれのために再現することができたであろう」（『マキアヴェリの生涯』）。平凡な画家や彫刻家はマキアヴェリの風貌をああいうふうにしかえがけなかった。もしもレオナルド＝ダ＝ヴィンチが、あの「モナ＝リザの微笑」をえがいた稀有の人間洞察家がマキアヴェリをえがいたならば、率直なマキアヴェリの人柄を表現しえたかもわからない。が、肖像だの相貌などにこだわる要はあるまい。かれがきまじめな事務家であったことを、あらかじめ心得ておけばよい。そして、第二事務局の机に山積する書類をしらべ、かんがえては筆をとるマキアヴェリ、仕事を終えてから共和政庁前広場を急ぎ足で家路につくかれのすがたを想像すればよい。

最初の外交交渉

共和政府につかえた一四年間の出来事をひとつひとつのべることは出来ない相談だから、重要なものにかぎってみていこう。そのさい、フィレンツェ－イタリアの紛争と国際紛争がいかにからみあっていたかに、ご注意ねがいたい。

さて、マキアヴェリが就任早々にであった最初の事件は、ピサとの戦いだった。ピサは一〇世紀から東方貿易で栄え、ジェノヴァやヴェネツィアと競争するほどであったが、一三世紀末にジェノヴァにやぶれてから衰退にむかった。一五世紀はじめに、隣接するフィレンツェに併呑された。ところが、一四九四年にフランス王シャルル八世がフィレンツェを攻めたとき、これ幸いとばかりに離反した。もちろんフィレンツェはピサ征略をあきらめない。一四九六年いらいなんども攻めたけれど、ヴェネツィアの尻おしで頑強《がんきょう》に抵抗する。ピサ問題はフィレンツェにとってやっかいこのうえもない。一四九九年五月ころにかいた『ピサの状態に関する論策』において、マキアヴェリは、ピサが侮《あなど》りがたいこと、民衆を武器としうること、傭兵がたより甲斐ないことを、るる論じている。最初の論文が軍事＝軍制論であるのは注目すべきだ。良き兵（傭兵軍ではなくて国民軍）と良き法が国家を維持するために欠きがたいという根本思想が、ピサ戦の経験で深く脳裡にきざみこまれた。

一四九九年七月、アペニン山脈のむこう側のフォルリとイモラの女領主カテリーナ＝スフォルツァ（一四六三〜一五〇九）のもとへ派遣される。フィレンツェ共和政府は、一四九四年の政変いらい親フランス政策をとっており、ピサ攻撃にあたってもフランスの援助を期待したところ、シャルル八世が没したために計画が頓挫した。こうなっては独力であたるほかない。傭兵隊長パオロ＝ヴィテッリをやとってピサ攻撃を再開する一方、マキアヴェリをカテリーナのもとへ派して、傭兵契約と武器購入を交渉させようとしたのだ。カテリーナはミラノ公ロドヴィコの姪《めい》になるが、三度も夫をかえた猛烈女性で、小国同士のはげしい争いのなかであっぱ

カテリーナ＝スフォルツァ

れ夫の遺領をまもっていた。彼女と二度めの夫との子、オッタヴィアーノ＝リアーリオが傭兵隊長になっていたのである。このかけ合いでマキアヴェリはカテリーナに翻弄《ほんろう》された。伯父ロドヴィコからも同じ要求がきていたから、カテリーナとしては条件のいいほうをえらべばよかった。外交交渉をおぼえたてのマキアヴェリを手玉にとるぐらい、造作ないわざであったろう。けっきょく、マキアヴェリはほうほうのていでひきあげた。カテリーナと友好関係をたもつ約束ができたのが、せめてもの慰めだった。しかしこの年の末にカテリーナ＝スフォルツァはチェーザレ＝ボルジアのためにフォルリとイモラをうばわれる。「上には上」、「強い者が勝ち」で、国盗りものがたりを地でいったようなものである。

マキアヴェリがフィレンツェに帰ったとき、ピサ戦はなおたけなわだ。傭兵隊長ヴィテッリが指揮するフィレンツェ軍は城壁の一部をこわし、勝利は目前にせまった。不可解にもヴィテッリは攻撃を中止して、かこみをといた。フィレンツェ共和政府は怒ってヴィテッリを処刑する。もともとコンドティエレはそういうものなのである。たよりにしたのがまちがいのもとではないか。マキアヴェリの傭兵軍への不信感はますますつよく、国民軍編成の必要を痛感する。こうして独力によるピサ攻略が失敗したとなれば、やっぱり強大な助けがいる。つまりフランスの助けが。

新たな脅威

このころ、フランス王ルイ一二世はシャルル八世の遺志をついでイタリア遠征をくわだてた。ヴェネツィアおよび教皇アレクサンデル六世と諒解をつけたうえで、ミラノ侵攻をはじめた。ロドヴィコ＝イル＝モロは軍や市民の反乱にあって逃亡する。フランス軍はミラノを占領してルイ一二世が入城した。北イタリアの小国はたちまちフランスになびく。こうしたルイのいきおいをみて、フィレンツェは莫大な戦費をはらう約束でルイにピサ攻撃の援助をこう。ルイは金はうけとっておきながら約束をはたさない。それどころか、チェーザレ＝ボルジアをつついてカテリーナ＝スフォルツァの所領を奪取させる。アペニン山脈でへだてられてはいるものの、フォルリとイモラがぞくするロマーニャ地方が教皇の勢力範囲にはいっては、油断できない。

そうこうするうち、ミラノでは市民がフランス総督に反抗して、一五〇〇年二月に、逃亡していたロドヴィコがミラノにもどってくる。フランスは陣容をたてなおしてミラノを攻め、とうとうロドヴィコをフランスに幽閉した。ミラノ公国をうばい、一時はイタリア全土の征覇さえ夢みた野心家の末路はあわれであった。それも自業自得《じごうじとく》だったのだが。こうしてミラノ事件の落着をみたフィレンツェ政府は、あらためてルイに援助をこう。スイス傭兵をふくむフランス軍はやっと重い腰をあげたけれども、いっこうらちがあかない。五月にピサ戦線を視察したマキアヴェリは、フランス軍の軍紀が極度にみだれているのをみて呆然《ぼうぜん》とする。おまけに、フランス軍の攻撃が少しでもゆるむと、ピサは猛然と反撃にでる。ピサ戦は泥沼にはいったみたいである。

フランスとの交渉

このようにピサ攻略は効を奏せず、損害ばかりふえる。ついに共和政府は、ルイ一二世のもとへ直接に使節をおくって処置を講ずることをきめる。そしてマキアヴェリがフランチェスコ＝カーサとともにこの任にあたることになる。一五〇〇年七月、両人はフランスにむかう。母バルトロメアは、マキアヴェリが共和政庁にはいる二年前の一四九六年一〇月に世を去っていた。父ベルナルドも、つい五月に他界した。ふたりの姉はすでに他家に嫁していたが、弟トットがまだのこっている。マキアヴェリにとって、遠いフランスへの旅立ちはさぞかし気が重かったことであろう。しかしピサ戦への援助と負担金の軽減という任務ははたさなければならない。半年のあいだフランスに滞在したが、旅費はとぼしく、苦労の連続だ。七月二六日、リヨンについたが、ルイはいない。八月六日にやっとのことで会見できた。王は負担金の軽減どころか、フランス軍のイタリア駐在費まであらたに要求するしまつだ。力関係ではフィレンツェはフランスの歯牙《しが》にもかけられない。とどのつまりは要求をのむほかなかった。九月には相棒のフランチェスコ＝カーサが病気と称してパリにいってしまい、すべてがマキアヴェリの肩にかかる。

この第一回フランス派遣はマキアヴェリに貴重な教訓をあたえた。イタリア－フィレンツェをヨーロッパとの関連から把握することを学んだばかりではない。国民的基盤にたつ絶対主義国家が、イタリアの小都市国家にくらべていかに強大であるかを、骨身に徹してしったからである。このことは、一五〇〇年八月にシニョーリアにあてた報告書で明らかである。この報告書ではまた、実務のまっただ中で理論的考察をめぐらすというかれの本領がすでに発揮されている。が、一二年後にかいた『君主論』ではいっそう明らかである。「ルイ王がロンバルディアを失ってしまったのは、征服地をりっぱに保持しようと志した人たちが守ってきた方針をなにひとつ守らなかったためである。したがって、その喪失自体とくに不思議ではなく、きわめてあたりまえで、理にかなっていたことである。……経験からいって明らかなのは、ローマ教会とスペインとがイタリアにおいて大きな勢力を得たのは、もとはといえばフランスのおかげであるということである。しかも、フランスの失墜はこれらの国々によって引き起こされたのだということである。この事実から一般原則が引きだされる。これはけっしてまちがいのない、あるいは、ほとんどまちがいのない規則である。すなわち、他の者を強力にする原因をこしらえる人は自滅するということである。そのわけは、他の者は、言いかえれば、強くする側の術策や権力で勢力を得たことになるのであるが、勢力を得てみると、以上の二つの手段について不安をいだきはじめるからである」（『君主論』三）。

ついでにいうと、『君主論』三は、マキアヴェリの第一回フランス派遣の体験にもとづく。「教皇アレクサンデルの息子で通称ヴァレンティーノ公と呼ばれるチェーザレ＝ボルジアがロマーニャ地方を占領していた当時、私はルアンの枢機卿（ダンボワーズ）とナントで話しあったことがあった。そのときルアンの枢機卿は、イタリア人には戦争というものがわからないと語ったので、私は、フランス人には政治のことがわからない、もしわかっておれば、ローマ教会の勢力をこれほど大きくしたりしないはずだと反発したのであった」。ルアンの大司教ジョルジュ＝ダンボワーズ（一四六〇～一五一〇）は、そのころルイ一二世の顧問をつとめていた。三一歳の少壮外交官は、大司教のまえで、おめずおくせずルイ一二世を批判しているのである。マキアヴェリが「長いものには巻かれろ」の人間でなかったことをしめす挿話である。

チェーザレとの出あい

一五〇一年一月にフランスからフィレンツェにもどったとき、フランス滞在中から抱いていた不安が現実となっていた。教皇アレクサンデル六世とチェーザレ＝ボルジアのあくなき侵略行動がそれだ。一五〇一年一月、それまでフィレンツェの支配下にあったピストイアで民衆派と貴族派との争いがおこった。フランスからもどってひと休みするかしないかのうちに、マキアヴェリはピストイアへ派遣されて調停にあたる。このピストイアの騒擾《そうじょう》がなおしずまらないうちに、一五〇二年に、チェーザレ＝ボルジアの傭兵隊長ヴィテロッツォ＝ヴィテッリとオルシーニの煽動《せんどう》で、アレッツォとキアナ溪谷地方にフィレンツェにたいする反乱がおこった。背後で糸をひいているのは、いわずとしれたチェーザレだ。かれの魔の手はフィレンツェの近くまでのびてきたのである。フィレンツェはさっそくフランスに援助をもとめる。この様子をみたチェーザレは、にわかにフィレンツェと和をむすんでアレッツォをかえす。このさいの交渉にもマキアヴェリがあたった。『キアナ溪谷の叛徒の処置』はそのてんまつをしるしたものにほかならない。

キアナ溪谷事件がきっかけで、マキアヴェリははじめてチェーザレをしった。かれらの出あいこそ運命的だ。それというのも、権力政治家チェーザレはマキアヴェリの政治思想に決定的な影響をあたえ、チェーザレの風貌はかれの筆によって長く後世につたえられるにいたったからである。再三のべたように、父アレクサンデル六世と共謀して中部イタリアに一大教会国家を建設しようとし、キアナ溪谷の反乱も、そうした遠大な計画の一端にすぎない。ふたりの最初の会見と交渉は一五〇二年六月二五日、チェーザレのウルビーノの宮廷でおこなわれ、数日におよんだ。チェーザレは強硬な態度をやわらげ（アレッツォの返還など）、いちおうフィレンツェ側の成功に終わった。わずか数日の交渉からいかにつよい

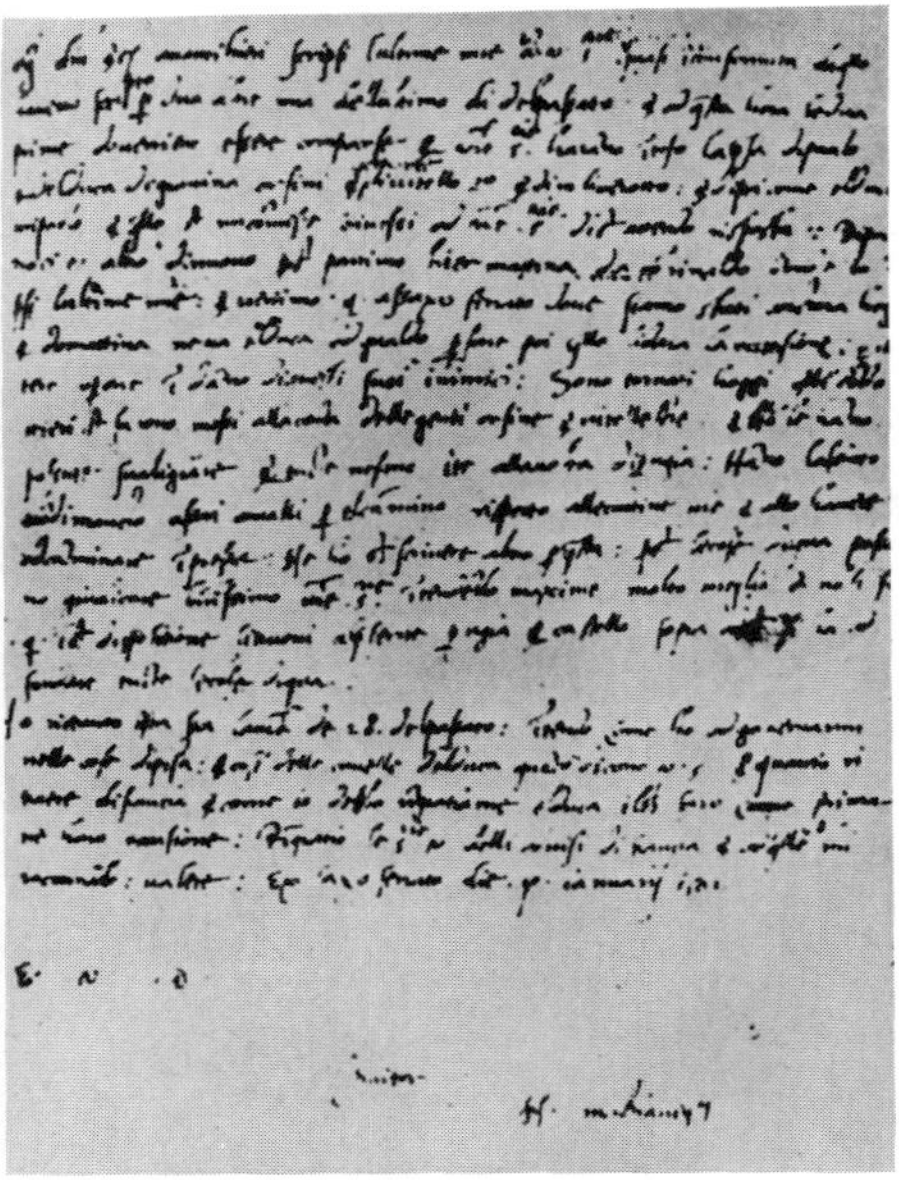

マキアヴェリの報告手書

印象をえたかは、六月二六日付けで政府にあてた書簡がしめしている。「公は宮廷人としては堂々としており、軍人としては大いに進取の気象にとむ。公にとってはいかなる大事も小事に見える。栄光と権力をうるためには、休息も疲労もしらない。どこから出発したか気づかれないうちに新しい場所にあらわれる。兵士に愛されている。これらのことがすべて、公をおそるべき存在たらしめ、幸運の連続によって勝利者たらしめている」。

マキアヴェリのチェーザレ観

最初の派遣はみじかかったけれども、第二回めは一五〇二年一〇月はじめから一五〇三年一月終わりまでの四か月におよび、ウルビーノの宮廷にとどまる。折から中部イタリアの諸国は反ボルジア同盟をむすんで、フィレンツェに支持をもとめた。チェーザレも反抗にあたるにはフィレンツェの支持を必要とした。そういう情報をあつめるためにマキアヴェリが派遣されたのである。しかしチェーザレは同盟国をきりくずし、危険を解消した。マキアヴェリが政府におくった五二通の報告書は委細《いさい》をつたえている。とくにつぎのような突発事件に処したチェーザレの水ぎわだった行動はかれを驚嘆させた。というのは、チェーザレ麾下《きか》の四人の傭兵隊長が、ペルージアおよびボローニャとつうじ、突如チェーザレに反乱をおこしたのだ。かれは窮地を脱したばかりか、目にもとまらぬ早わざでかれらをとらえ、家族もろとも処刑した。死中に活をえた行動をみて、マキアヴェリは『ヴァレンティーノ公がヴィテロッツォ一味を殺害した一部始終の記述』において、ことの次第をしるした。いったい、マキアヴェリの報告は事務的報告が大部分をしめる。個人の性格描写はまれだ。『ヴァレンティーノ公』は例外であって、マキアヴェリの肉声をきく思いがする。

だが、驚嘆ということばの意味に注意していただきたい。マキアヴェリはチェーザレの人格を尊敬したのだろうか。フライアーはきっぱりと否定している(『マキアヴェリ』)。かれがチェーザレを犯罪者とみていたことは、一五〇四年にかいた、一四九四年から一五〇四年までの事件を記述した『最初の一〇年史』に明らかである。そこでは、チェーザレが発散する「ヒドラの毒気」とか「敵を穴のなかへさそいこむ怪蛇」といったことばが何度もつかわれている。マキアヴェリはチェーザレを道徳的に偉大だとはみじんも思っていなかった。しかし「力強いひと《ウオーモ・ヴイルツオソ》」と思ったのは、たしかだ。チェーザレは、いってみれば「善悪のかなた」の行為的人間である。考えてもみよ。イタリアの分裂とフランスの侵入という最悪の事態において、行為的人間しか難局を打開できないではないか。そういう行動力をもつ政治家でさえあれば、チェーザレという特定の人間である必要はないわけだ。したがってチェーザレ讃美は、道徳的でなくて政治的見地からのものである。

チェーザレとの出あいは、かれにとってひとつの政治的実験を意味した。ちょうど第二事務局における事務がそうであったように。実験である以上、道徳的に善とか悪とか論じてもはじまらないではないか。ずっとのちにマキアヴェリは、チェーザレにおける政治実験の結果をこう報告する。

「力量《ヴィルトウ》によって君主になるか、それとも運《フォルトゥナ》によって君主になるかということについて、私は現代の人の記憶になまなましい、実例二つをそれぞれ引用しておきたい。それはフランチェスコ＝スフォルツァとチェーザレ＝ボルジアの例である。……他方、世にヴァレンティーノ公と呼ばれているチェーザレ＝ボルジアは父の運《フォルトゥナ》に恵まれて国を獲得したが、またその運《フォルトゥナ》に見離されて国を失った。ここで、ヴァレンティーノ公のとった歩みを全般にわたって考えてみれば、彼は将来の勢力を築くためにりっぱな基礎づくりをしたことがよく理解されよう。私は新君主に対しては、この人の行動の実例以上にすぐれた指針は与えられないのではないかと信ずる。それゆえ、彼の基礎づくりについて、ここで論ずるのが無意味とは思わないのである。彼の方針が成功しなかったとしても、それは彼の罪ではなかった。つまりそれは、常識はずれの、最高の運の悪さから生じたことであったのである」(『君主論』七)。「チェーザレ＝ボルジアは、残酷な人物とみられていた。しかし、彼の残酷さがロマーニャの秩序を回復し、この地方を統一し、平和と忠誠を守らせる結果となったのである。とすると、よく考えれば、フィレンツェ市民が、冷酷非道の悪名を避けようとして、ついにピストイアの崩壊に腕をこまねいていたのにくらべれば、ボルジアのほうがずっと憐れみぶかかったことが知れる」(同一七)。

ごらんのとおり、マキアヴェリはどこでもチェーザレを道徳的にほめたりしていない。事実だけを、たんたんと報告している、科学者が実験結果を報告するように。チェーザレが没落してローマに幽閉されていたころ、マキアヴェリはなんらかの機会にチェーザレをみたようだ。しかしフィレンツェ政府にあてた書簡で、「このひとはもうだめだ、死んだも同然だ」とのべている。かつてあれほど心酔したチェーザレにたいして不誠実ではないか、と諸君はいうだろうか。筋ちがいだ。マキアヴェリにチェーザレに誠実であるべき義理はない。マキアヴェリが感嘆するのは、日の出のいきおいにあるチェーザレなのであって、落日のチェーザレではない。こうしてチェーザレ劇はあっけない幕切れとなる。スペインで戦死したとき、もうチェーザレのすがたはマキアヴェリの念頭に浮かんでいなかったであろう。政治の世界はなんと非情なものか！　かんじんなのは、そういう非情をみきわめ、これに耐えることだろう。

ダ＝ヴィンチとの出あい

ピサ戦線へ、フランスへ、ウルビーノへと、席のあたたまるいとまもないあいだに、マキアヴェリの公私生活に変化がなかったわけではない。第一は、一五〇二年八月にフィレンツェ共和政府は従来の非効率的な行政機構を改革し、ソデリーニを終身の「正義の旗士」にえらんでかなり大きな権限をあたえたことだ。名門出身というだけで、さほど取柄《とりえ》のない人物だったけれども、ほかに適任者がいなかった。マキアヴェリは書記官就任いらいソデリーニにしられ、ソデリーニもかれの才能を評価するようになっていたから、他人が「正義の旗士」になるよりはましだったろう。ただ、極度の財政難からマキアヴェリに十分の俸給をあたえることができなかった。親ゆずりの「貧乏神」にこれから先きもつき合っていかねばならない。第二は、一五〇一年の夏ころ、中産階級出のマリエッタ＝コルシーニと結婚し、マキアヴェリがローマに使いしているときに長男ベルナルドがうまれた。マキアヴェリの伝記を小説ふうにかいたマルクは、こんなはなしをつたえている。チェーザレ＝ボルジアのもとへ派遣されたときのこと。一週間もすればもどるといって出かけたきり、なしのつぶてだ。三週めになると、夫からすてられたのではないか、評判のわるいチェーザレのもとで何をしているか、妻は気が気でない。そこで夫の様子をききにシニョーリアへ日参する、と。夫の身になってみれば、千載《せんざい》一遇のチャンスをのがす手はないのである、たとえ妻が空閨《くうけい》をかこっても。この妻については、なにもしられていない。五人の子をうみ、ことにマキアヴェリの不遇時代にしんぼうしたのだから、まずはけなげな妻だったというべきであろう。

もうひとつ、エピソードをつけ加えておこう。レオナルド＝ダ＝ヴィンチとの奇《く》しき邂逅《かいごう》である。一五〇二年夏、レオナルドはチェーザレ＝ボルジアにまねかれた。ただし、芸術家としてではなくて軍事技術家として。というのは、中部イタリアを併呑する野望にもえるチェーザレに軍事技術は欠かせなかったし、他方レオナルドも科学技術者としての能力をためすチャンスだと思ったから。むかし、ミラノ公ロドヴィコ＝イル＝モロにつかえた折にも、同じような事情があった。つまり、政治家は芸術家を尊敬するからもてなすのではなくて、政治目的に利用するためで、今もむかしも変わらない。こうしてレオナルドは一五〇三年三月にフィレンツェにもどるまでの半年をウルビーノの宮廷にとどまり、チェーザレに随行してあちこちを旅行した。

マキアヴェリもそのころチェーザレの宮廷にいたから、レオナルドと会っただろう。なにぶんせまい宮廷のことだから、だれかれの区別はついたはずだ。マキアヴェリはチェーザレに扈従《こじゅう》する白髪の老人(じつは五〇歳をこえたばかりなのにそのように見えた)を高名の芸術家とさとったであろうし、レオナルドも一七歳わかい同郷の外交官に人なみはずれた知的俊敏をみてとったろう。会ったと仮定して、芸術に関心がない男と政治に関心がない男とのあいだで、いったいどんな話がなされたであろうか。現代最高のレオナルド研究家ケネス＝クラークは、レオナルドはウルビーノの宮廷でマキアヴェリにはじめて会い、フィレンツェに帰ってからも交際した、とのべている(『レオナルド＝ダ＝ヴィンチ』)。たしかな証拠はないけれど、そう想像するのが自然である。ともあれ、ふたりのフィレンツェ人の出あいは、精神のドラマとして興味がつきない。

レオナルド＝ダ＝ヴィンチの自画像

国民軍の創設とユリウス二世

チェーザレ＝ボルジアの失脚で当面の危険は去ったと

はいえ、楽観はゆるされない。新教皇ユリウス二世は、宿願とする外国勢力の駆逐を実行したから、イタリアの対外関係が紛糾し、当然フィレンツェは余波をこうむる。じじつ、ナポリをめぐってフランスとスペインが戦い、スペインが勝利をうると南から北上してフィレンツェを攻めるおそれが生ずる。チェーザレ没落で空白となったロマーニャ地方をヴェネツィアが虎視《こし》眈々《たんたん》とねらう。それやこれやで、一五〇四年一月、ニッコロ＝ヴァローリとともにマキアヴェリはフランスにいく。リヨンでルイ一二世に会って窮状をうったえた。が、フランスとスペインとの休戦がなり、当分は安堵《あんど》の胸をなでおろすことができた。安心できないのがピサ戦だ。一五〇五年三月にフィレンツェはまたしてもピサに敗北する。何度もいうが、これほど手をやくのは、フィレンツェが傭兵にたよって自国の軍をもたないためである。マキアヴェリは口をすっぱくして国民軍編成の必要をといてきた、その熱意がやっとソデリーニを動かす。一五〇六年一二月に、マキアヴェリの『フィレンツェ国民軍制論策』にもとづいて、国民軍創設の法令がでる。そうはいってもこれは難事業だった。マキアヴェリは周囲の無理解無関心を説得するいっぽう、編成にともなうわずらわしい事務、たとえば民兵の募集や名簿作成から、訓練の方法や将兵の任命にいたるまで、一手にひきうけなければならない。けんめいの努力にもかかわらず、たいした効果をあげない。それどころか、ソデリーニ政府がたおれると、国民軍は解散してしまう。

国民軍の仕事に加えて外交上の事務がある。一五〇五年四月にペルージア派遣、五月と六月にシエーナ派遣、八月にピサ戦線視察、一五〇六年八月と九月にユリウス二世への派遣、といったあんばいである。このユリウス二世も、マキアヴェリの数少ない性格描写でとりあげられた人物のひとりである。「ユリウスは前任者の足跡を追ったばかりでなく、さらにそれを拡大した。ボローニャを手に入れ、ヴェネツィア共和国を滅ぼし、イタリアからフランス軍を追いはらおうと考え、ことごとく成功したのである。しかも、ユリウスはなにごとも個人のためではなく、ローマ教会の勢力伸張のためにおこなったので、いっそう評判は高かった」(『君主論』一一)。同時にユリウスの欠点も見のがさない。「教皇ユリウス二世は、在位期間を通じて、短気のあまり感情の激発に身をまかせた。そんな態度でも時代に一致したものか、彼のすることはすべて上首尾だったのである。しかし、時局ががらりと変わってほかの策が要求されると、ユリウスも破滅から身を守ることはできなかった。時代の要求に合わせて従来の行き方や方法を変えることをしなかったからである」(『政略論』三の九)。

ユリウス二世

ドイツ人讃美

あまり枝葉末節にわたると諸君のあたまをこんがらかせるおそれがあるので、大すじだけ追ってきた。それでも、フィレンツェが猫の目のように変わる内外の情勢に左右され、一喜《いっき》一憂《いちゆう》しているさまが、ご理解ねがえたと思

フランチェスコ＝ヴェットリ

う。しかもマキアヴェリは不利な条件のもとでフィレンツェ外交を一身に背負って立っている。悲壮というほかない。ところが一五〇七年になって新たな不安が生じた。シャルル八世の遠征このかた、フランスは北イタリアに勢力をえた。北イタリアは、中世においてはドイツ帝国の勢力範囲にはいっていたところだ。ドイツ皇帝マクシミリアン一世（在位一四九三〜一五一九）は、フランスの行動に反発したのか、急に神聖ローマ皇帝の「中世の夢」を再現しようとした。そのためにフランスとの対立をあらたにひきおこした。マクシミリアンはイタリア遠征に要する軍費を、こまったことにフィレンツェに要求してきた。親フランス政策に終始したフィレンツェは、そうやすやすとマクシミリアンの要求に応じられない。かといって、一蹴するほどの力もない。フランスとの関係をぼかして、マクシミリアンに費用の軽減をねがうのが関の山だ。そこでマキアヴェリはフランチェスコ＝ヴェットリ（一四七一〜一五三九）の補佐となってドイツ（スイスとチロル地方）へいく。

ボルツァーノで皇帝と会見するが、らちがあかない。そうこうするうち、皇帝軍はヴェネツィア軍に敗退して和が成ったので、マクシミリアンのイタリア進出は頓挫をきたした。不安が消えたのを見とどけて、マキアヴェリは六月に帰国する。このドイツ派遣にさいしても、するどい観察をマクシミリアンの性情、スイスやドイツの状態のうえにむけ、『ドイツ事情報告』『ドイツの状況と皇帝についての論考』『ドイツ事情の肖像画』などをかいた。イタリアのヒューマニストは、ドイツ人の蛮風をばかにしたものだった。これに反してマキアヴェリは、ドイツ人の無欲、うまれながらの兵士的有能をほめたたえる。「かれらにはパンと肉、防寒用のあたたかい爐《ろ》さえあれば十分だ。市民は武装して訓練にはげんでいるから、兵士には一文《いちもん》もかからない。どの都市もゆたかである。もし一致団結していれば、そして都市が諸侯に反抗せず、諸侯が皇帝に反抗しなければ、ドイツの勢力は抗しがたいものになるだろう」。タキトゥス（五二～一一九）めいた口吻《こうふん》だ。ローマの歴史家タキトゥスが『ゲルマニア』においてローマ人の堕落にゲルマン人の健全を対比したように、イタリア人の腐敗堕落《コルツイオーネ》にたいして、粗野だがいきいきとしたドイツ人を讃美したかったのではあるまいか。

ピサ攻略

ドイツ皇帝の脅威はひとまずなくなった。フランスもちょっと鳴りをひそめている。この機を逸しては、ピサ攻略は不可能だろう。今度という今度こそ、攻略を成功させねばならぬ。一五〇八年八月、マキアヴェリはピサ戦の責任者として陣頭指揮をとる。ピサ周辺の地域を掠奪して荒廃させ、外からの支援をたちきる。頑強に抵抗したが、糧道をたたれてはどうすることもできず、一五〇九年五月についに降伏を申しでた。六月にマキアヴェリはフィレンツェ軍とともに入城する。自分が編成した国民軍でこの成功をかちえたのだから、得意満面だったろう。もちろん、ピサとの一五年戦争の決着はかれひとりの功績ではないにしろ、手柄は功一級に値する。フィレンツェにもどると、ソデリーニはかれをあたたかくむかえ、シニョーリアも共和政府の名において功績をたたえた。事務局員はアルノー川畔の料亭に祝宴をはり、多年の労苦をねぎらった。おそらく、ピサ攻略はマキアヴェリの政治生活における頂点であったであろう。

ピサ攻略は、しかし懸案のひとつが解決されたにすぎない。外部に目を転じると、ユリウス二世の積極外交のために国際情勢は風雲急だ。マキアヴェリは、イタリアの統一を妨げる張本人は教会国家だ、とにらんでいた。だからユリウスの実行力には驚嘆するけれど、不信の念もかくさない。フィレンツェが教皇庁と浅からぬ関係をむすんでいたことは、前言した。しかしメディチ家がたおれて共和政府が復活してからはフランス一辺倒だ。ユリウスが積極策をうちだしたいま、あいまいな態度をとっているわけにいかない。マキアヴェリが一五一〇年七月に第三回めの、一五一一年九月に第四回めのフランス行きをしているのも、教皇庁への態度についてルイ一二世の意向を打診《だしん》するためだった。熟考したあげく、フィレンツェ共和政府はフランス側につくことにきめるが、これが破滅のもとになる。

共和政府の崩壊とマキアヴェリの免職

一五一二年四月一一日、ユリウス二世の音頭とりでむすばれた神聖同盟の軍は、フランス軍とラヴェンナ付近で衝突する。ミラノ総督で天才的な将軍ガストン＝ド＝フォア(一四八九〜一五一二)は、激戦の末に勝利をえ、連合軍の将軍や枢機卿を捕虜とした。ラヴェンナはもちろん、隣接するフォルリ、イモラなどはたちまちフランス軍に降伏する。ところがガストンがラヴェンナ戦線で戦死して士気がさがり、イギリスがフランス本国をおそう気配(翌一五一三年にイギリスは北フランスに侵入)があり、さらにフランス側のスイス傭兵が寝がえりをうったりしたため、やむなくフランスはイタリアから撤退した。そうなるとフィレンツェは孤立する。同盟軍のスペイン兵はフィレンツェ領をおかし、八月にプラートを占領して暴行のかぎりをつくした。プラートは目と鼻の近さだ。フィレンツェ共和政府は一五万ドゥカーテンの金をはらってフィレンツェ略奪をまぬがれたけれども、教皇側につくことをしいられる。マキアヴェリは必死になって国民軍の強化をはかったが、凶暴なスペイン兵には敵すべくもない。

事態がこう悪化してくると、フィレンツェ政府内でソデリーニにそむいてメディチ家に通ずるものが蠢動《しゅんどう》しはじめる。ユリウス二世はかねがねソデリーニの追放とメディチ家復帰を策していた。そのわけはこうだ。ロレンツォ＝デ＝メディチの長男ピエロ(痛風病みのピエロと区別してピエロ二世という)は一四九四年の政変で追放されたが、亡命中、スペイン軍とフランス軍がたたかったとき、ガリニャーノで溺死した。次男ジョヴァンニ(一四七五〜一五二一)は教皇庁にはいって枢機卿とな

サン－タンドレア－イン－ペルクッシーナの山荘

り、ユリウスから信任されていた（のちの教皇レオ一〇世）。三男ジュリアーノ（一四七八〜一五一六）がメディチ家の当主である。このようないきさつで、ユリウスは影になり日なたになってメディチ家を助け、それだけソデリーニ政府につらくあたる。スペイン兵のプラート攻略が一挙にソデリーニ政権をくつがえす。反ソデリーニ派は八月三一日にソデリーニの責任を追及して辞職においこむ。ついに終身の「正義の旗士」をやめてフィレンツェを去る。九月一日、ジュリアーノは市民の歓呼のうちに帰還した。民衆とはずいぶん移り気なものだが、こうした急変は一、二か月内のできごとだった。

一八年ぶりでメディチ家がもどると、さっそく政治機構の変革をはじめる。ソデリーニ家の追放、終身ゴンファロニエレを一年期限にあらためること、国民軍の解散など。その結果、だいたいにおいてピエロ二世時代の旧状にもどった。では、ソデリーニの腹心《ふくしん》の部下マキアヴェリはどうしていたのか。新しい支配者による当然の処断を待っていたのか、それとも新政権のもとでの継続仕官に一縷《いちる》の望みをいだいていたのか。そのへんのことはよくわからない。なおしばらく身をひそめて成りゆきをみていたのではなかろうか。

だが、けっきょく、一一月七日に新政府はマキアヴェリをすべての職から解任し、一月一〇日には今後一年間フィレンツェ市から追放、命令にしたがわぬときは保証金をはらうべしとされた。そこでかれは近郊のサン－タンドレア－イン－ペルクッシーナ（ローマよりに一〇キロばかりはなれたところ）にある茅屋《ぼうおく》にうつる。公人としての活動はここに終止符をうつ。帰っていくところは書斎しかない。「マキアヴェリが事務局の机を書斎の机ととりかえることは、このドラマのまったく小さなエピソードにすぎない」とフライアーはかいている。たしかにかれの免職はとるにもたりぬ出来事であった。このとるにもたりぬ出来事がヨーロッパの新しい政治を予言するきっかけになることをかんがえると、小さなエピソードは大きな意味をもつ。むろん、当人のあずかりしらぬことだ。ああ、かえりみればこの一四年間、政務に寝食をわすれ、家庭の幸福にひたるひまさえなかった。はげしい活動のあとに、いま休息の時がきた。元書記官殿よ、ゆっくり休むがよい。そして、あなたでなくてはできない仕事に没頭するがよい。

照る日曇る日

「マキアヴェリの顔つきは観察の極度の鋭敏さをしめしてはいるけれども、行為的性質の力はみじんもしめしていない。彼の性格と、見抜けないものはひとつもないように思われる彼の知性とのあいだには、不釣り合いが存した。彼はあらゆるその打算にもかかわらず好人物であって、情事にかけては放恣《ほうし》、友にたいしては誠実、愛すべき饒舌家《じょうぜつか》であった。どこでも彼は限りない観察の才を証明したけれど、彼の政治的行動が公けの判断において確固とした価値をえたことはない。フィレンツェの事態における彼の誠実な断固とした共和主義的な気持と、イタリア統一のための君主制にたいする彼の憧憬《どうけい》との矛盾から、彼の政治的態度の動揺、つまりはじめは共和政の色彩で、つぎはメディチ家の色彩で、外にたいして色を変えるということがやむをえず生じた。しかし彼に政治的名声を失わせたものは、彼の上のような難局でしめした人格的な無定見だった」(ディルタイ『ルネサンスと宗教改革――十五・六世紀における人間の把握と分析』拙訳)。

無邪気な人生観

みぎのディルタイ(一八三三〜一九〇一)のことばは世間一般の考えを集約したものとみてよかろう。が、このような考えには重大な誤解があって、これだけはぜひとも訂正しておかなくてはならない。

マキアヴェリが鋭敏な観察家であること、そのことはかれの事務家気質とか才能とかきりはなせないこと、は前にみた。かといって、シニカルな男だったのではない。この点、イギリスの詩人批評家でノーベル文学賞をうけたT＝S＝エリオット(一八八八〜一九六五)は、マキアヴェリの真髄《しんずい》をもっともよくとらえている。「マキアヴェリは犬儒家といわれる。しかしマキアヴェリには犬儒主義は全然存しない。彼の生活や性格には、彼の見解の明晰《めいせき》な鏡を曇らすような一点の弱点、欠点もない。たしかに細かいところでは言葉の意義が少しく変えられると、意識的な皮肉と感じられるところもあるが、彼の見解全体はそのような感情的な色彩で汚れてはいなかった。マキアヴェリのような人生観は無邪気な状態とでもいうべき魂の状態を含んでいる。彼の正直さと一般に人間の心情が持つ虚偽《きょぎ》、不正直、変節などとくらべてみて、その差違の大きいのに心を打たれるときに、はじめてわれわれには彼の類《たぐ》い稀な偉大さが分るのである」(『異神を追いて』中橋一夫訳)。

もちろん、かれの時代は、道義心が地をはらったルネサンス末期だ。聖人君子ではなくただの人間だから、人なみに現世の快楽を味わっただろうが。ただ、度をこしたかどうかは疑わしい。イギリスの作家サマセット＝モーム(一八七四〜一九六五)は『昨日も今日も』のなかで、マキアヴェリが『マンドラゴラ』――マキアヴェリ作の喜劇で、一破戒坊主の手びきで一青年が人妻にたいする恋慕をとげるというはなし。マンドラゴラは、俗にいうほれ薬である――を地でいったかのようにかいている。だが作品はかならずしも作者じしんの放埒《ほうらつ》を証明するものではない。

ディルタイの説でもうひとつ訂正を要するのは、マキアヴェリの政治的無定見ということだが、この説はいちばん世間に流布しているように思われる。しかしたんにうわべだけで変節漢とみるのは単純、あまりにも単純すぎはしないだろうか。ルネサンス時代の詩人・学者・芸術家は概してコスモポリタンであって、パトロンをかえるとか他国に亡命することをなんとも思っていなかった。まして政治のような非情酷薄《こくはく》な世界に生きるものにとって、他人のいのちより自分のいのちのほうが、つまり他人より長く生きのびることは自明のことがらだった。そうだとすると、マキアヴェリだけが非難されるべき理由はない。もし無定見というなら、ソデリーニ政府がたおれたとき、第二書記官長マルチェロ＝ヴィルジリオなど、さっさとやめそうなものだが、メディチ新政府のもとで居すわっている。共和政府でいっしょにはたらいたフランチェスコ＝ヴェットリも、マキアヴェリが浪々の身となったのに、ローマ駐在公使をつとめて恥じる景色《けしき》がなかった。現代人の感覚でルネサンス時代をはかってはならないのである。かれらにくらべると、マキアヴェリは正直といってよかった。貧乏生活がその証拠だし、晩年に子にあたえた手紙などは綿々《めんめん》としたもので、マキアヴェリズムの創始者かと疑わせる。そういう先入観をもつことがまちがっているのである。

フィレンツェのために

いったい、マキアヴェリはどういうつもりでメディチ家に接近したのだろうか。かれが熱望したのはイタリアの統一国家の建設だが、さしずめかれの愛国心はフィレンツェにむけられている。たとえフィレンツェがむかしのおもかげを失おうと、かれがフィレンツェ人であることには変わりはない。フィレンツェが共和政で繁栄するなら万々歳だ。しかしそれがむずかしいならばメディチ家だってかまわないではないか、フィレンツェを盛大にしてくれるならば。そうしたばあい、過去の政治活動でえた知識経験を役だたせるのは、市民としての義務ではないか。

フランチェスコ＝ヴェットリにかいたように、「運命は、私が絹織物や衣裳についても、損や得についても語ることができないようにした。私は国家について語らなければならない」。再三のべたとおり、かれはたんに静観する観察家ではなく、観察や思索を活動とむすびつけずにはおかぬ欲求をもっていた。『カマルドリ論議』の連中がやっているような、お遊びではない。つねに実際と理論とを一体のものとみなした証拠は、たとえばあの国民軍創設である。失敗に終わったとはいえ、かれの責任ではなかったはずだ。かれの独自性は、その場その場のデーターを雑然とあつめることではなく、中心思想でしっかりとまとめて体系化する、つまり個々のデーターから一般規則をたてる抜群の能力を所持していた点にある。メディチ家に接近しようとしたことが生計の資をうるためではつゆさらなかった、といってはうそになろう。が、世間でいうような卑しい猟官《りょうかん》運動ではなかったのはたしかである。そこにはもっと深い考えがあったのだ。

徒然なるままに

一五一三年二月に反メディチ家陰謀が発覚し、たまたま陰謀者のリストのなかにマキアヴェリの名がのっていた。加わった疑いで投獄のうき目にあう。事実無根だったのだが、当分、政界復帰の見こみはなくなった。この年、ユリウス二世が世を去り、三月に枢機卿ジョヴァンニ＝デ＝メディチが教皇レオ一〇世（在位一五一三〜二一）となる。新教皇就任にさいして特赦令がで、四月にマキアヴェリは釈放され、ソデリーニも追放処分をとかれた。サン-タンドレア-イン-ペルクッシーナにおける徒然《つれづれ》なるくらしのなかで、マキアヴェリはフランチェスコ＝ヴェットリとひんぱんに文通する。深い意味での友人ではなかったけれど、ローマ駐在公使という職掌柄いろいろな情報を提供してくれたからである。それらの手紙のなかで、一五一三年一二月一〇日のがもっともしられている。そのころの暮らしをこれほどヴィヴィッドにしめすものはない。

「このごろでは、朝は太陽といっしょにおきて、いつも木を伐っている私の持ち山へでかけ、そこでかれこれ二時間ばかりは前日の仕事をしらべたり、きこりと時をすごすのです。森をでると、私は泉へいき、そこからかねてこさえておいた鳥わなへいく。きっとダンテかペトラルカの詩集を、ときにはティブッルスやオヴィドゥスやそのほか小詩人の集までなにか携えていき、かれらの恋情や恋をよみ、そして私の経験とともに思いだし、しばらくたのしい思い出にふけります。それから道ばたの飲み屋へいって、道行く人々と語りあい、その国のめずらしい話をきき、さまざまなことをしり、人間のいろいろな趣味や思いつきをさとります。こうしているうちに食事の時間がくる。私は家族といっしょにこのむさくるしい別荘と私のまずしい財産とが提供してくれる食事をとる。食事が終わると、飲み屋にひっかえす。日がくれると、私は家にかえって書斎にはいる。入口のところで、ほこりや泥にまみれたふだん着をぬいで礼装にきかえ、威儀をととのえてから古賢の古い宮廷にはいる。それらの人々は私をむかえてくれる。そしてただ私だけのものであり、そのために私がうまれついた食物を私にあたえる。私は臆するところなくその人たちと語り、かれらがとった行動の動機を問う。するとかれらはまた親切に答えてくれます。四時間のあいだ、私は少しのつかれも感じなければ、苦痛もわすれ、貧窮をおそれず、死をも物ともしなくなり、まったくこの人々のなかにとけこんでしまうのです。」

屈託《くったく》がないみたいだが、どんな思いでいたことだろうか。かつてはフランス国王、ドイツ皇帝、ローマ教皇、チェーザレ＝ボルジアを相手に堂々と意見をのべたほどの男が、きこりと時をすごしたり、うす汚ない居酒屋でトグロをまくほかに能がないとは！　油ののりきった男が無為の生活を強いられている。とても屈託ないどころではないではないか。だが、『君主論』その他の主要著作は、こうした不遇時代にうまれた。諸君よ、明窓浄几《めいそうじょうき》が傑作をつくる絶対条件ではないことをしりたまえ。

「オリチェルラーリの園」グループ

マキアヴェリがなおこれから生きる一四年間は、明と暗、希望と挫折が交互する日々だ。もう公人としてフィレンツェやイタリアの政局にあずかることはない。事件はそばをとおりすぎていき、傍観者であるほかない。幸いなことに、政治の思索が政治の実際にあずからないという損失をおぎなう。いや、おぎなって余りがある。もしもかれが失職しなかったら、かれの観察は——いかに炯眼《けいがん》であれ——死とともに消滅してしまったであろう。してみれば、マキアヴェリ個人の不運は後世のわれわれには幸運といえるかもしれない。

さて、このころフィレンツェに「オリチェルラーリの園」という社交クラブがあった。フィレンツェの金持でメディチ派のベルナルド＝ルッチェライ(一四四八～一五一四)が市内に美しい邸宅をかまえたのをこうよんだのである。ソデリーニ時代からベルナルド一家やメディチ家の人々、文人があつまっては、文学・哲学・政治を談じた。一五一二年にメディチ家が復帰すると一段とにぎわい、中産階級出のものもグループに加わった。マキアヴェリがどんな伝手《つて》ではいったかはわからない。が、一五一六年ごろにはメンバーのひとりとなり、かなり親しい交わりをむすんだ。このグループに、たまたま執筆中の『君主論』や『政略論』をよんできかせたほどであるから、マキアヴェリはかれらから経済的援助をうけたこともかんがえられる。こうして自分の著述をグループの小さな輪のなかで披露《ひろう》するうち、政論家としての名をしられるようになる。

一五二〇年六月にマキアヴェリはフィレンツェ政府からルッカへ派遣された。たいした仕事ではなかったけれど、政界引退後はつの仕事ではあり、当時枢機卿だったジュリオ＝デ＝メディチ（一四七八〜一五三四）のような有力者の尽力《じんりょく》によったことと思いあわせると、メディチ家となんらかのつながりが生じていたのは確実であろう。さらにルッカ滞在中にかいた『カストルッツィオ＝カストラカーニ伝』がジュリオの耳にはいり、ルッカからもどって早々、一一月にフィレンツェ政府から『フィレンツェ史』執筆の依頼をうけた。この年にはまた、かれの喜劇『マンドラゴラ』が上演されて好評をはくした。前途に光がさしてきたようである。

レオ10世

一五二一年一二月に教皇レオ一〇世が急逝した。マキアヴェリがいちばん望みを託していたのがほかでもないレオ一〇世だったから、ショックだったろう。おまけに、何かとひいきにしてくれた「オリチェルラーリの園」グループがしだいに反メディチの旗幟《きし》を鮮明にし、ジュリオ暗殺の計画までたてた。未然に発覚し、連中は逃亡した。大ショックだ。しかし捨てる神あれば拾う神もある。レオ一〇世のあとをおそったハドリアヌス六世が在位一年にみたずに死去して、ジュリオ＝デ＝メディチが教皇座についた（クレメンス七世、在位一五二三〜三

ローマの劫掠

四)。そこでマキアヴェリは執筆中の『フィレンツェ史』を完成し、一五二五年六月にローマにいって教皇にこれを献上した。

マキアヴェリの死

『フィレンツェ史』の完成に心血をそそいでいたころ、イタリアをめぐる国際情勢は緊迫の度を加えつつあった。フランス王フランソア一世(在位一五一五～四七)――王はルネサンス芸術の愛好家で、レオナルド＝ダ＝ヴィンチを賓客《ひんかく》として安らかな晩年をおくらせたことは周知であろう――は、先王ルイ一二世のイタリア政策を踏襲《とうしゅう》した。一五二五年にみずから大軍をひきいてロンバルディア平原を南下、ドイツ皇帝軍とたたかった。ところが二月二四日にミラノの南方パヴィアで大敗を喫し、王じしん捕虜となる。一五二六年一月のマドリードの講和でスペイン王兼ドイツ皇帝カルル五世に屈服したうえで釈放されたけれど、それまで北イタリアを

マキアヴェリの墓碑

支配下にいれていたフランスとしては、カルルのイタリア進出を座視していられない。教皇クレメンスとむすんでカルルに戦いを宣言する。ひとむかし前までフランスと教皇とは敵視しあっていたものだ。国家的利益がこういう行動を王にとらせたのである。よってカルルは教皇攻撃に軍隊を出動させ、ここにおいて一五二七年五月、あの「ローマの劫掠《こうりゃく》」をひきおこした。教皇はサン－タンジェロ城にとじこめられる。イタリア－ルネサンスの終末をつげた事件だ。

この知らせがフィレンツェにとどくと、いまにも皇帝軍が来襲しはせぬかと戦々《せんせん》兢々《きょうきょう》だ。メディチ家の当主アレッサンドロ（一五一〇～三七）らは逃亡し、市民は共和政復活を宣言し、ニッコロ＝カッポーニというものがゴンファロニエレにえらばれる。メディチ家に再仕官の望みを託していたマキアヴェリの夢は完全にやぶれた。長年にわたる無理は肉体をむしばんでいたうえに、深い失望が生きる力をうばったのであろうか。六月二〇日、持病の胃痛におそわれ、二二日、家族に見まもられつつ、五八年の生涯の幕をとじた。

マキアヴェリの偉大さは生前にはみとめられず、陋巷《ろうこう》に窮死した。ジェノヴァのひとコロンブス（一四四六ごろ～一五〇六）が、アメリカ発見という大事業を達成しながら、その世界史的意義も影響もしらずに失意のうちに死んだように。こんにち、フィレンツェのサンタ-クローチェ寺院をおとずれるひとは、マキアヴェリの墓碑につぎの銘をよむであろう。「名声の大なるは頌辞《しょうじ》なきにしかず　ニッコロ＝マキアヴェリ　御懐胎の一五二七年に死す」と。生前、だれからも頌辞をささげられなかったということこそ、何にもましてこのフィレンツェ人にたいする頌辞だったのではなかろうか。

著述活動

マキアヴェリの多才

イタリアールネサンスにはいわゆる「万能の天才」が輩出した。レオナルド＝ダ＝ヴィンチはその最《さい》たるものであろう。マキアヴェリは、天才とはいえないまでも、多芸多才だ。政治著作が内容と分量でもっとも重要なのは、いうまでもない。が、政治と関係のある軍事について『戦術論』のような独創的著作があり、歴史については『一〇年史』とか『フィレンツェ史』がある。かと思うと、『マンドラゴラ』とか『クリフィア』のような喜劇があり、『黄金のろば』その他の詩がある。『カストルッツィオ＝カストラカーニ伝』のような伝記ものこしている。ルネサンスの文化にたいする無関心をときに言明したにもかかわらず、奥底において影響をうけていたのである。

このように著述活動は多方面にわたるけれど、このことは、かれの思想がバラバラだったことを意味しない。むしろ、単純な根本思想があって、時と場合でちがった表現をとるのである。たとえば、『君主論』におけるマキアヴェリは権力使用の技術家、氷のようにつめたい合理主義者、目的をとげるためには手段をえらばぬ打算的現実家だ。これに反して『政略論』（『ローマ史論』）においては、古代ローマ共和政にあつい思いをよせ、ローマ的ヴィルトゥ（勇気、実行力）の復活をねがう理想家だ。みたところ相反する考えの根底には、しかし熱情にみちた愛国者の魂がひそんでいる。それが根本なのであって、時と場合で表現がちがうのは、一五世紀末から一六世紀はじめにかけてのイタリア－フィレンツェの政治情勢が、臨機応変の処置をとらせるからにほかならない。

この点について、カッシーラーがつぎのようにのべている。ある一定の政治的事実を、できるかぎり明瞭に正確に記述することだけが、マキアヴェリがただ一つ目的とするところであった、というのは誤りであろう。このような場合には、かれは歴史家として行動したことにはなっても、政治理論家として行動したことにはならないであろう。理論というものは、それよりはるかに以上のものを要求する。それは、諸々の事実を統一し綜合する構成原理を必要とする（『国家の神話』）。マキアヴェリは古代史から多くの例をひき、じしんの個人的見聞や経験をも多く語った。それだけなら、歴史家の方法にしたがったにすぎない。かれが包括的だったのは、そういう歴史家の記述能力ばかりでなく、もろもろの事実について論理的推論と分析的能力をもっていたからだ。つまり、記述的（歴史的）と分析的（理論的）能力を同時にもつ。だからこそ歴史家としてヒューマニズム的歴史叙述の高峰にたち、新しい政治学の樹立に不滅の功績をあげたのである。マキアヴェリの著述をみるさい、つねにこれらふたつの能力と、よりたかい立場における綜合に留意しなければならない。マキアヴェリの多芸多才はけっして器用貧乏ではなかった。

『君主論』と『政略論』

マキアヴェリの主な著作をかんたんに紹介する。『君主論』と『政略論』――くわしくいえば、ティトゥス＝リウィウス『ローマ史』初篇一〇巻の論議三巻――との両者は、マキアヴェリの政治思想において車の両輪のようにおぎない合っている。『君主論』の執筆時期ははっきりしないが、一五一三年夏ごろと推定される。というのは、前に引用した、フランチェスコ＝ヴェットリにあてた手紙のなかでこういっているからである。「ダンテがかつていったことのなかに、学んだことをとどめなかったならば、学問の道はない、と。私はこの人たちと語り合ったことを貯えてかきおろし、ここに『君主論』なる一小冊子をつくりました。国家の性質、その種類、維持の方法、喪失の理由を論究し、この問題についてできるかぎり深く掘りさげて考えました。このつたない書物があなたのお気にいるとしたら、それはまんざらいやではないということになります。わけても新君主には歓迎されるものでしょう。そのためジュリアーノ殿下にこれを献上します」と。かきあげたのは一五一四年のはじめごろであろうか。

この手紙でかいたように、ジュリアーノ＝デ＝メディチにささげるつもりでいたところ、ジュリアーノが死去したため、ジュリアーノの甥で大ロレンツォの孫にあたるロレンツォ（一四九二～一五一九）に献呈しようとした。しかしマキアヴェリはこの本を公刊しなかったから、ロレンツォが写本をみたかどうかも、さだかではない。じっさいには献呈はなされず、献辞がかかれるにとどまった。マキアヴェリの死後五年たって一五三二年に印刷発行された。しかしさっそくローマ教皇庁から禁書にあげられる。『君主論』がたどった歴史は、そのままヨーロッパ政治の歴史であった。マキアヴェリズムをといた悪魔の書という誤解は、一九世紀になってはじめてとかれるようになる。

『政略論』の執筆は『君主論』よりもややさきのようである。ある程度筆がすすんだところで、君主政を論じた部分をきりはなして『君主論』としたのではなかろうか。『君主論』は一六世紀初めにおけるイタリアのけわしい情勢を反映してか、語調はときにはげしい。これに反して『政略論』は、リウィウスの『ローマ史』にもとづいて、ローマの興亡をあだかも大河をくだっていくように悠々《ゆうゆう》と論じている。少年時代からしたしんだリウィウスは、歴史の実践的な実用主義的な意義を重視した歴史家だ。マキアヴェリが共鳴したのもうなずける。『政略論』も、友人に回覧するうち評判がたかくなった。この書を献呈したコジモ＝ルッチェライとツァノービ＝ブォンデルモンティは「オリチェルラーリの園」のメンバーだったことから、このグループを介してメディチ家へ近づく道がひらけたのである。一五二〇年ごろに完成したけれど、生前には日の目をみず、一五三一年にやっと上梓《じょうし》された。のちにマキアヴェリの再発見がおこなわれるにおよんで重要視されるようになる。いずれにせよ、『君主論』だけでマキアヴェリをうんぬんするのは片手おちである。

その他の著作

マキアヴェリはフィレンツェ共和政府につかえた当初から、軍制改革に関心をはらった。国家の維持独立にとって軍制改革が急務なこと、傭兵や外国援軍の弊害をつぶさにしった。したがって『君主論』と『政略論』がたびたび軍事に言及したのは、当然である。本格的にとりくんだのは引退後ひまができてからで、やはり「オリチェルラーリの園」グループとの交わりが直接動機だ。ファブリツィオ＝コロンナという架空の人物（じつはマキアヴェリ）が、グループのメンバーであるコジモ＝ルッチェライやツァノービ＝ブォンデルモンティなどと対話する体裁をとっている。『戦術論』の第一、七巻で一般問題、第二巻で古代ローマの軍制、第三、四、五巻はこまかな戦術、第六巻は築城法を論ずる。こういう軍事思想をフィレンツェ国民軍に応用しようとした。もちろん、こんにちからみれば幼稚なものであって、小銃とか大砲の威力にもふれていない。が、一六世紀はじめにこのような軍事論を開陳した例はほかにない。この点で先覚者的意義は明らかであろう。友人たちの援助で一五二一年に上梓され、グループのひとりであるロレンツォ＝ストロッツィに献じた。

畢生《ひっせい》の大著『フィレンツェ史』は、一五二〇年に筆をとって一五二五年に全八巻を完成し、クレメンス七世に献じた。上梓は一五三一年である。「はしがき」によれば、メディチ家が権勢をえた一四三四年から筆をおこす予定だった。それ以前の歴史は、すでにヒューマニストのレオナルド＝ブルーニ（一三六九～一四四四）やポッジオ＝ブラッチオリーニ（一三八〇～一四五九）がしるしていたから。しかしかれらは、フィレンツェ人が外国君主や人民にたいしておこなった戦争についてはくわしい記述をのこしたのに、国内の争いやその原因結果についてはなにひとつしるしていない。これを不満として、はじめの計画をかえ、フィレンツェを中心としたイタリアの興亡史をしるすことにしたのである。最後の第八巻は、一四九二年のロレンツォ＝デ＝メディチの死までをあつかう。したがって従来の歴史家よりも視野がひろい。ヒューマニズム的歴史叙述の代表作とされるのもゆえなしとしない。

以上の著作のほかに文学作品が少なくない。『カストルッツィオ＝カストラカーニ伝』は架空の英傑で、天涯《てんがい》孤独の身からおこってついに天下に勇名をとどろかせた人物のロマンだ。マキアヴェリの脳裡《のうり》にはチェーザレ＝ボルジアがうかんでいたのかもしれない。詩文も多いけれど、なかでも喜劇『マンドラゴラ』はかれの文学上の代表作であるばかりでなく、ルネサンス時代における諷刺《ふうし》喜劇の逸品《いつぴん》とされる。『君主論』が当時の政治を赤裸々《せきらら》にえがいたとすれば、これはフィレンツェの世態風俗をえがく。目的のために手段をえらばない政治家は、ここでは己れの横恋慕をとげるためにあらゆる手を用いるフィレンツェの青年や、これを助ける生臭《なまぐさ》坊主のすがたであらわれる。いってみれば『君主論』の文学版だ。一五二〇年にはじめて上演されたとき、あらしのような喝采《かつさい》をあびたという。幸いうすい晩年のマキアヴェリにとって望外な出来事だったのではあるまいか。それにしても皮肉なはなしである、政論家としてみとめられなかったマキアヴェリが、他の作家を尻目にかけて喜劇作家として成功しようとは！

Ⅲ　マキアヴェリの思想

ローマ讃歌――『政略論』の世界

第一の問題点

すぐれたマキアヴェリ研究家であるリッターはこういっている。「マキアヴェリのなぞは、思索的考察につねに新たな魅力をあたえる。かれの本質が矛盾をもっていたことは、このフィレンツェ人じしんがよく意識していた。このような矛盾についていろいろな解釈がおこなわれたけれども、たいていは、マキアヴェリの政治的理論的著作、なかんずく『君主論』と『政略論』に視野をかぎっている。とはいえ、マキアヴェリの思想の最後の動機をとらえるためには、全著作に目をとおさなければならない」(『権力の倫理的問題』)。そのとおりであって、全著作にもれなく目をとおしてはじめて、マキアヴェリの全貌がわかり、矛盾が矛盾でなくなるだろう。だがこの小著で全著作に目をとおすことはとうていできないことだし、あまり専門的なことがらにわたるのもどうかと思われる。とりあえず三つの問題点を指摘したい。それによって、少なくともマキアヴェリの思想の核心にせまることはできるからである。どうして、マキアヴェリは『政略論』のような、一見したところ間尺《ましやく》にあわない本をかいたのだろうか、他の著作とどう関連するのだろうか――これが第一の問題点である。

カエサルとブルトゥス

『政略論』はまず都市の起源、共和国の種類の考察からはじまっている。ローマは「場所の選定と法律の整備」がうまくいった。「その法律は、他のどの都市やまた共和国も身につけることができなかったあのあふれんばかりの力量《ヴィルトゥ》を維持させつづけることになった」(一の一)。そしてローマでは平民と元老院の対立によってかえって「ローマ共和国は自由かつ強大なものとなった」(一の四)。「内紛が護民官の成立の原因であるなら、その内紛さえも評価されるにたるものである。護民官は行政のなかに民の声を反映するようになったばかりでなく、ローマの自由の監視者となったからである」(一の四)。かような共和国には忘恩的な仕打ちが少ない。「いろいろの共和国の歴史を読んでみると、その歴史が自国民に対するさまざまな忘恩的仕打ちにいろどられているのをみるであろう。ところが、ローマでは、アテナイほどにはその例をみないのである。ローマ人は、アテナイ人ほどには自国の市民を疑わなければならない理由をもっていなかったからであろう」(一の二八)。だから「忘恩的な行為だけはごめんこうむりたいと願う共和国があれば、ローマの先例にならって統治するよう心がけるべきであろう」(一の二三)。

DISCORSI DI NICOLO MACHIAVELLI
CITTADINO, ET SEGRETARIO
FIORENTINO, SOPRA LA PRI
MA DECA DI TITO LIVIO,
A ZANOBI BVONDEL-
MONTI, ET A COSI-
MO RVCELLAI.

Con Gratie, & Priuilegi di.N.S. Clemente
VII. & altri Prencipi, che intra il termino di.X.
Anni non si stampino, ne stampati si uendino:
sotto le pene, che in essi si contengono.
M. D. XXXI.

『政略論』

第一巻から数例をひいたが、三巻すべて共和政時代のローマにたいする讃美なのである。マキアヴェリにはローマ共和政こそ、およそ国家政治一般の模範と見える。「国を建設するのにはローマの組織に範を求めるべきで、その他の国家の例はならうに値しないと私は信ずる」(一の六)。ほめすぎだとは、いささかも思わない。「私が古代ローマの肩をもちすぎて、こんにちの世界をやっつけるようなことを以下の論議で展開でもしようものならば、この私自身もまた、古代病患者の数に入れられてしまうかもしれない。たしかに、古代は力量《ヴィルトゥ》が支配していたのに、現代は悪徳が横行している。このことは、だれの目にも明白な事実だから、この二つの時代について私が考えていることを率直に述べておくことにしよう」(二の序)。

共和政が賞讃すべきものであればあるほど、専制君主は非難すべきである。「王国や共和国の創設者はたたえられるべきであり、僭主政治の始祖はのろわれるべきである」と題する章で、マキアヴェリはカエサルを酷評する。「多くの人の筆で最大級に尊敬されているあのカエサルの栄光に、惑わされない人はあるまい。つまり、カエサルをほめそやすようなやからは、彼の財力に買収されてしまったか、または、カエサルの名の下で帝国がどこまでもつづいていくものだから、すっかり萎縮《いしゅく》してしまって、カエサルのことを好きかってにしゃべることができなくなってしまった人々なのである。まことに世界じゅうの光栄を一身に集めたいと心から熱望する君主ならば、カエサルのように国家を崩壊させるためではなく、ロムルスの例にならって、たてなおすために、腐敗した国家を治めることは、まさに望むべきことである」(一の一〇)。マリウス派の首領カエサル(前一〇二ごろ〜四四）とスラ派の頭目ポンペイウス（前一〇六〜四八）が争ってカエサルの勝利でけりがつくが、「このカエサルがローマではじめての僭主となり、ここにいたってローマの自由はふたたびよみがえらないこととなった」（一の三七）。カエサルをもってローマ共和政は事実上終わって帝政にうつり、ローマは悪徳と堕落の淵に沈んでいったというのである。それだけにカエサルを暗殺したブルトゥス（前八五〜四二）はほめられる。ブルトゥスこそは、「ローマの自由の父である」（二の三、三の一）。

このようにマキアヴェリはローマ共和政を国家政治形態の理想とみなした。ローマ共和政の考察なしには、かれの思想は熟さなかったといっても、いいすぎではあるまい。だがそうした考察はたんに「古き良き時代」へのノスタルジアにすぎなかったのであろうか。イタリアーフィレンツェの情勢をしりつくしたかれが、現実ばなれした回想にふける道理はない。それには少なくともふたつの根拠があろう。ひとつは、ローマ共和政と健全な時期におけるフィレンツェ共和政とのアイデンティティーが浮かんでいたことだ。フィレンツェの長官だったサルターティは、「フィレンツェの自由はローマの自由の正統な嫡子《ちゃくし》だ」とほこらかにいい、市民の自由と自治をおびやかす専制君主をにくんだ。フィレンツェ市民の共和政理想がローマ共和政に親近感をいだかせたのである。したがってローマの自由をうばったカエサルを誹謗《ひぼう》し、カエサル殺しのブルトゥスをほめたたえることは、フィレンツェのヒューマニストたちに共通していた。マキアヴェリがローマ共和政を礼讃したのは、理屈だけでなくて情《じょう》からいって自然だったのである。

ローマの軍備と法

第二に、ローマ共和政を考察するのは、そこから現代にたいする教訓をくみとることができると信ずるからだ。じっさい、かれはいたるところで古代ローマと現代イタリア－フィレンツェを比較検討する。二、三の例をあげよう。まず、軍事である。

「傭兵軍および外国援軍は役にたたず、危険である。ある君主が傭兵軍のうえに国の基礎をすえれば、将来の安定は保証されないこととなる。というのは、傭兵は無統制であり、野心的であり、無規律であり、不忠実だからである。こんにちのイタリアの没落は、長年にわたって、こうした傭兵軍のうえにあぐらをかいてきたのが原因になっているからである」(『君主論』一二)。フィレンツェも例外ではない。「フィレンツェ共和国は、軍備をまったくもたなかったため、ピサ攻略にさいしてフランス兵一万人をまねきいれたが、この方針の結果、フィレンツェは、どんな苦しい時代にもまさる危険に見舞われている」(同一三)。しかるにローマ人はどうだったか。「ローマ人が広大な領域を確保したのは、実力《ヴィルトウ》によってか、それとも運《フォルトウナ》がよかったためか」(『政略論』二の一)。どちらでもない。国家体制をととのえ、軍事力をもっていたからだ。自国民による強大な軍事力をそなえていたことがローマが大をなすにいたった根本原因である。

つぎは、「良き法」である。「昔からの君主国も複合国も、また新しい君主国も、すべての国にとって重要な土台となるのは、よい法律とよい武力である。よい武力をもたぬところに、よい法律のありうるはずがなく、よい武力があって、はじめてよい法律がありうるものである」(『君主論』一二)。この一般論はローマにもっともよくあてはまる。「ローマ本来の法律はすきだらけのものではあったが、それを完成の域へと高めていく道筋から、一歩もふみはずすようなことはなかったのである」(『政略論』一の二)。「幸運《フォルトゥナ》と軍事力がローマの国力の基礎であったことは否定できない事実である。しかし、軍事力があるのは、よい秩序が保たれているからである。正しい教育はよい法律から生まれる」(一の四)。これ以上、引用する必要はなかろう。「マキアヴェリの歴史的興味はけっして古物的でなく、つねに実際的課題にかかわる。ローマ民族の歴史がかれに妥当するのは、いきいきとしている理想を明らかにしてくれるからである」(マイアー『マキアヴェリの歴史観とヴィルトゥ概念』)。

ローマのヴィルトゥ

マキアヴェリはヒューマニストに連綿とつたわる共和政ローマ崇拝をうけついだとはいえ、実践的意図によってかれらから区別される。このことを「ローマのヴィルトゥ《ヴィルトゥ・ロマーナ》」がよくしめす。かれによれば、ヴィルトゥははじめアッシリアにあり、ついでメディアへ、さらにペルシアへうつり、ギリシア、ローマへうつって繁栄のもととなった。ローマ帝国が瓦解《がかい》してからのちは、かつてのローマのヴィルトゥを力強く生きぬこうとした中世の多くの国々(フランク王国、トルコ王国、エジプトのスルタン国など)へ拡散した(『政略論』二の序)。現代イタリアの衰退は、イタリア人がそうしたヴィルトゥを失ったためである。とすれば、ヴィルトゥの回復こそ目下の急務でなければならない。それでは、ヴィルトゥとはなにか、ローマのヴィルトゥとはどんなものか。

がんらい、「ヴィルトゥ」(英語のヴァーテュ、ラテン語のヴィルトゥス)ということばにはふたつの意味がある。ひとつは徳とか徳行とかいったふつうの倫理をあらわす。もうひとつは力量、才能、勇気といった人間の能力をあらわす。イタリアのヒューマニストの用語法では、前の意味がだんだんうすれ、後の意味に重きがおかれるようになった。マキアヴェリにおいてもっとも明白である。古代ではハンニバルとかスキピオ、現代ではチェーザレ＝ボルジアに、活動力、精力、意志の強さ、強靱《きょうじん》な肉体力がみられるというのだ。そうはいっても、たんに盲目的な情熱にかられる行動であるならば、野蛮人とえらぶところはない。文化民族の教育と組織がはじめて正しい方向へみちびく。力に加えて思慮《しりょ》が肝要なのである。つまり、ヴィルトゥは「ヴィルトゥ－オルディナータ」(秩序あるヴィルトゥ)でなければならない。政治家はこれらふたつのヴィルトゥを兼備してこそ、申しぶんない政治家となれる。

ご注意ねがいたい。こうしたヴィルトゥ概念の変化に時代の推移が反映していることを。いうまでもなく中世においては、徳はひたすらキリスト教的に解された。勇気だの才能といった人間的特性は問題にならなかった。いわんや、肉体力などは動物的衝動に類するものとして、それどころかキリスト教的倫理に反するものとして非難された。人間がキリスト教的倫理の束縛から脱しはじめたルネサンス時代になって、ヴィルトゥのいわば自然主義的な意味がみとめられるようになる。ブルクハルトは「個人の発展」をイタリア＝ルネサンスの特色のひとつにかぞえた。「一三世紀の末になると、イタリアには個性的人物がうようよしはじめる。個人主義の上におかれていた呪縛《じゅばく》が、ここでは完全に断ち切られた。無数にある一つの顔が、何の制限もなく、それぞれ特異な相をおびてくる」（『イタリア・ルネサンスの文化』）。かんがえてみたまえ。イタリア＝ルネサンスの個人がまさに個性的なのは、キリスト教的倫理の所持者だからであろうか。むしろ、キリスト教的倫理に反しようとも、なんらかのヴィルトゥを発揮したからではなかったか。ヴィルトゥを発揮できるなら、出生とか家柄などは問うところでない。出生とか家柄ばかり鼻にかけてロクな才能もないような人間は軽蔑される。自分の力《ヴィルトゥ》で運《フォルトゥナ》をきりひらく人間だけが評価される。ルネサンス人の自由闊達さはここに由来する。むろん、力には理知がともなわなければならない。それが「ヴィルトゥ＝オルディナータ」にほかならない。

マキアヴェリにおいてこのようなヴィルトゥ概念がいちばんはっきりする。が、注目すべきことは、ヴィルトゥがたんに個人の特性にとどまらずに、歴史生活や国家生活にもあてはまる、とされることだ。ヴィルトゥのあるなしが一国の浮沈を左右する。「ヴィルトゥは歴史をはかる尺度であり、歴史の経過はヴィルトゥの歴史である」（レーム『西欧の思想にあらわれたローマ没落』）。かれは、ヴィルトゥがかつてはローマにおいてはつらつとしていたのに、これを失うとともに衰え、いまや各国にちらばってしまった、という。「ローマのヴィルトゥ」の復活こそ、現代イタリア人を救う唯一の道である。『政略論』はこうした「ローマのヴィルトゥ」を現代に復活することを最終目標にしていたといってもよいであろう。

宗教観とローマ教会

イタリアールネサンスはがいして宗教に関心がなかったとする通説は、近年、疑問視されている。そうした議論にはいま立ちいらないが、マキアヴェリが無関心あるいは反宗教的な意見のもとじめのようにみなされているのも、やはり先入見のひとつである。かれは宗教というものを否定したわけではけっしてない。いや、宗教が「良き兵」および「良き法」とならんで国家の三本柱だとかたく信ずる。「人民がきわめて狂暴なのをみてとったヌマは、平和的な手だてで、彼らを従順な市民の姿にひきもどそうとして、ここに宗教に注目した。彼は宗教を、社会を維持していくためには必要欠くべからざるものと考え、宗教を基礎として国家を築いたのであった。こうして数世紀たつうちにこの国の神に対する尊敬は、他のどこにもみられないほどのものになった。ローマの歴史をよくよく吟味するなら、軍隊を指揮したり、市民を元気づけたり、善人を支持したり、悪人を恥じいらせたりするのに、どれほど宗教の力が役にたっていたかがわかるであろう。ヌマがもたらした宗教こそ、ローマにもたらされたしあわせの第一の原因だと結論づけることができよう。宗教をたいせつにするということが、国家の大をなす原因であると同様に、宗教をないがしろにすることが、国家滅亡のもととなるのである」（『政略論』一の一一）。

マキアヴェリはローマ人の宗教を模範だとみなす。しかし宗教を宗教そのものとして絶対価値をあたえるのではない。宗教を政治的見地から、いいかえれば法や軍事とともに国家を維持し秩序づけるものとして、政治生活に影響力をもつかぎりで、尊重する。宗教は手段であって目的ではない。だとすると、人間を柔弱にするキリスト教、とりわけローマ教会にたいしてしんらつな批判をなげつけたのは、当然であろう。もっとも、アッシジのフランチェスコ（一一八一ごろ～一二二六）とかスペインのドミニクス（一一七〇ごろ～一二二一）のきよらかな信仰に敬意を表するにやぶさかではない。「聖フランチェスコと聖ドメニコとの力で本来の姿にひきもどされていなかったとしたら、いまごろキリスト教は完全に消滅していたことであろう。この二人の聖人は清貧の力、キリスト自身の生涯を鑑《かがみ》とすることにより、人々の心のなかでまさに消えかかっていた信仰の火をふたたび燃えあがらせたのであった」（三の一）。サヴォナローラのばあいも同じだ。「フィレンツェの人間は修道士サヴォナローラの神と語ったという説教に慴伏《しょうふく》してしまった。私は、サヴォナローラが正しいか正しくないかということを、ここで決めようとしているのではない。これほどの大物ともなると、尊敬をはらわずに語ることはできないからである」（一の一一）。したがってこれらのひとはそしられるいわれはない。そしられるべきは、僧としての道をふまない者、なかんずくローマ教皇や教皇庁である。ローマ人にとって宗教を力とたのむことがたいせつであったのに反して、イタリアはローマ教会を利用しそこなって自滅した。「もしキリスト教がキリスト教会のなかで成立当初と同様の姿を維持していたなら、こんにちのキリスト教諸国家は、現在よりもっとまとまりのある、はるかにしあわせなものになっていたであろう。キリスト教の教皇の座であるローマ教会のすぐそばに住んでいる人々が、これといった宗教心をもちあわせていないという現実にまさるキリスト教の堕落のあかしはあるまい」(一の一二)。

イタリアの秩序がローマ教会によってたもたれているという巷説《こうせつ》にたいして、マキアヴェリは断固として反対する。「その第一のものは、ローマの教皇庁の悪例にそまり、イタリアがまったく信仰心を失ってしまって、無限の災厄《さいやく》と底なしの大混乱に引きずりこまれてしまっているという事実である。さらにそればかりでなく、はるかに大きな不幸を教会や坊主のために受けている。それは、イタリアの崩壊の原因となるものである。すなわち教会は、イタリアを昔からいままで一貫して分裂させてきたのである。イタリア全体をまとめて統一する単一の共和国または君主国を出現させえない理由は、一にかかって教会にあるのである」(一の一二)。こうしてマキアヴェリは断言する。「こうなってしまったのも、われわれ一般のイタリア人にとっては、教会のおかげなのであって、ほかのだれのせいでもない」。

共和政体、軍事、法、ヴィルトゥ、宗教の五点から『政略論』の根本思想を明らかにした。ひっきょう、ローマ史を鑑としてイタリアーフィレンツェに教訓を活用しようとすることが眼目だったのである。ところでイタリアーフィレンツェといったけれど、当面の関心はフィレンツェのうえにそそがれる。フィレンツェ人としての身びいきからではない。共和政府につかえた個人的事情のせいではない。イタリアーコムーネの旗手、ルネサンス文化のプリンス、要はイタリア諸国においてフィレンツェがしめる地位を総合的に判断したうえでのことだ。だが、フィレンツェの現状をみればみるほど、幻滅をかんじないわけにいかない。すべてにおいてローマの道の逆をいっているではないか。たとえば——「市民と貴族との感情の乖離《かいり》こそ共和国を分裂させる紛争の源である。同じことが原因でローマでもいざこざがおこった。そしてローマでのこととまったく同じ原因がフィレンツェでも紛争の原因になった。もちろんこのふたつの市では、ちがった成りゆきになったのはいうまでもない。ローマでは貴族と平民が争うようになっても、はじめの頃は討論でけりがついた。ところがフィレンツェでは果たし合いで結末をつけた。ローマではひとつの法律で十分だったが、フィレンツェでは大勢の市民を追放や死刑に処してはじめて鎮《しず》めることができた。ローマでは紛争がおこると、ますます市民が尚武《しょうぶ》の志をさかんにするばかりであったが、フィレンツェではその志を弱めるいっぽうだった」(『フィレンツェ史』三の序)。

フィレンツェへの挽歌

こうしたローマ史とフィレンツェとの比較はひんぱんにおこなわれる。物ごころついたころからマキアヴェリは、フィレンツェの政変を目睹《もくと》した。書記官時代および浪人時代をつうじて、何度幻滅と挫折に出あったことか。もしげんざいの共和政府がしっかりしているなら、苦労はいらない。けれども目下の共和政府には往年の意気もいきおいもまったくみられない。フランスのごきげんをうかがい、ローマ教皇にはおどかされ、四苦八苦のていだ。政策に一貫性がなく、万事がその日ぐらしだ。ローマへの讃歌はイタリアーフィレンツェへの挽歌《ばんか》とならざるをえない。「マキアヴェリは時代精神に対立するひとだ。かれは時代の無慈悲な批判者である。かれの剛直《ごうちょく》な目は時代の弱点を洞察する。この一六世紀のシュペングラーは、市民文化が春と夏をへて秋もたけ、冬がせまっているのをみる。この悲劇的循環はかれにとってあらゆる歴史の法則である。ギリシアとローマがこれを証明し、いまやふたたびルネサンスの経験が証明する」（マルティン『ルネサンスの社会学』）。

最後の望み　シュペングラー（一八八〇〜一九三六）は、第一次世界大戦後に『西洋の没落』を著して一大センセーションをまきおこした、ドイツの哲学者だ。だが、マキアヴェリは「一六世紀のシュペングラー」であろうか。たび重なる挫折にもめげずに、かれは最後の望みをいだく。くり返していえば、フィレンツェの共和精神はもはや空洞化している。市民社会そのものが危殆《きたい》にひんしているとき、共和精神を堅持するのはむりであろう。一方、全イタリアが未曽有《みぞう》の危機におちいっている。マキアヴェリはそのような現実をしればしるほど、小都市国家の限界と欠陥をさとらずにはいられない。では、どうすればよいか。いたずらに「イタリアの没落」をなげいてばかりはいられない。ただちにイタリアに統一国家を建設し、良き兵と良き法をととのえ、「ローマのヴィルトゥ」を回復することが、緊急の必要事である。問題は、だれが、どのようにして遂行するか、ということである。この点についてマキアヴェリの考えは、かならずしも明らかではない。力の政治によって諸国を強引に統一して新しい国家をたてるのか、諸国の連合のような組織をかんがえていたのかは。しかしいずれにせよ、共和政国家ではなくて君主政国家が時代の必然とみていたことは疑えない。ドイツやフランスに使いして西ヨーロッパ諸国を目のあたりにみたとき、そういう信念をいよいよかためたのであろう。かつてチェーザレ＝ボルジアに望みを託したこともあったが、いまはもういない。とすれば、役不足とはしりながら、けっきょくメディチ家以外にあたまに浮かぶものはいない。

『君主論』の終わりでかれはメディチ家に語りかけた事情がわかる。「この野蛮の支配は、だれにとっても鼻もちならないのである。さればこそ誉れ高いあなたご一家に、正義の戦いを起こすときのあの勇気とあの希望とをもって、この責務を担っていただきたい。かくして、あなたのかかげる旗のもとで、祖国が高貴に輝きわたり、あなたの鞭撻《べんたつ》のもと、ペトラルカのあのことばが現実のものとなりますように。

美徳《ヴィルトゥ》は狂暴に対して武器をもって立たん。
戦い、すみやかにやまん。
イタリア人の民の心に
いにしえの勇武はいまだ滅びぬゆえに」。

マイネッケが結論としてつぎのように論じている。「自由国家を再興させるためには、一個人の創造的な《ヴィルトゥ》が、すなわち一つの支配の権力、準王権が、国家をその手中におさめて新しく活力を吹きこむこと以外にはなんらの手段もないことを看破した。のみならず、彼はまったく腐敗しきり、もはや再生能力のない自由国家にとって、君主政こそ唯一のなお可能なる政体だと思った。こうしてマキアヴェリのヴィルトゥ概念は共和主義的傾向と君主主義的傾向との間に内的な橋を作り与え、これによって彼は主義節操を失うことなく、フィレンツェ自由国家の崩壊後メディチ家の公国に期待をかけ、メディチ家のために『君主論』を著すことができた」(『近代史における国家理性の理念』)。ここに、『政略論』から『君主論』への道がひらかれているのをみるであろう。推移は唐突《とうとつ》でなくして自然なものであり、内面において統一されているのである。

マキアヴェリズムの実像──『君主論』の世界

第二の問題点

「マキアヴェリズム」ということばをしらないひとはいないだろうが、正確な意義をだれもがしっているわけではない。で、まずその意義をはっきりさせておこう。マキアヴェリズムは、ひろく解するばあい（日常的）とせまく解するばあい（特殊的）とがある。ひろく解すれば、経営界における社長の追いおとしだの会社のっとりから、新聞の三面記事をにぎわす出来事まで、種々雑多である。せまく解すれば、政治の世界（国内と国際とを問わず）において、倫理的な制約を無視し、権力を獲得維持あるいは増大するためにいかなる手段もえらばない、そうした権力政治的な行動様式をさす。手段は反倫理であっても、その手段によって目的がとげられる、つまり結果が有効なときは、反倫理的な手段を正しいとする。権力政治とか現実政治とか権謀術数（かなり技術的な面をもつ）も、だいたい同じ意味でつかわれる。わたくしはマキアヴェリをせまい意味で、すなわち政治の世界にかぎってかんがえてみたい。

ところで、『君主論』が悪名たかいのは、いまのべたような政治の行動様式をいとも露骨にしめしているからだ。「君主は、たとえ愛されなくても、恐れられる存在にならなければならない」（一

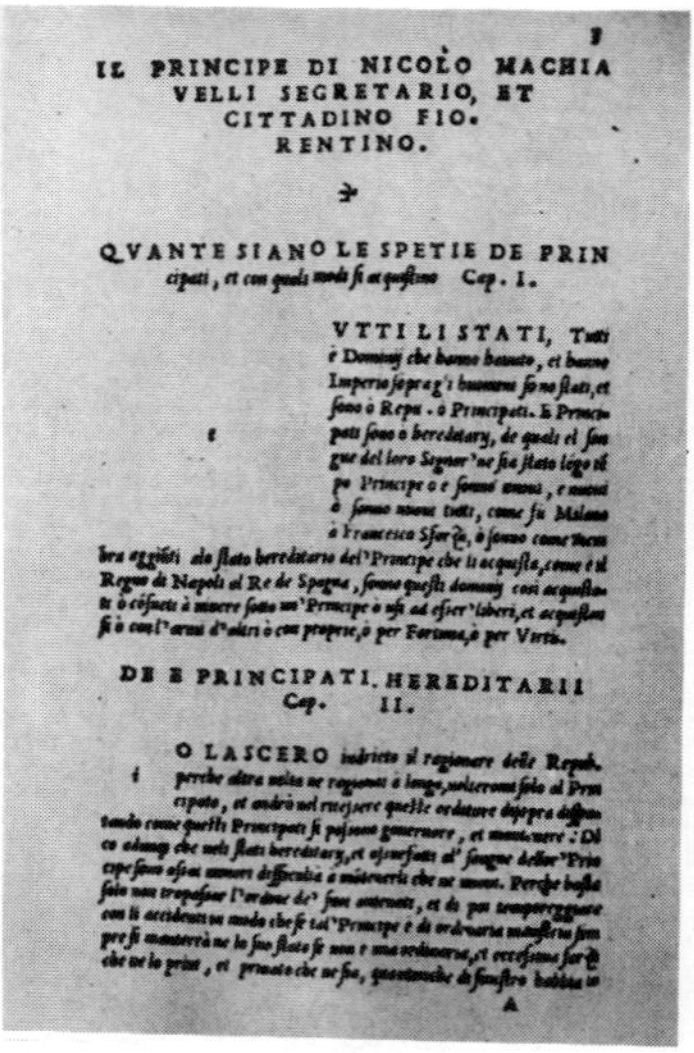

IL PRINCIPE DI NICOLO MACHIAVELLI SEGRETARIO, ET CITTADINO FIORENTINO.

QVANTE SIANO LE SPETIE DE PRINCIPATI, et con quali modi si acquistino Cap. I.

VTTI LI STATI, Tutti ...

DE E PRINCIPATI HEREDITARII Cap. II.

O LASCERO ...

『君主論』

七）。「信義などまるで意に介さず、奸策《かんさく》を用いて人々の頭脳を混乱させる君主が、かえって大事業をなしとげている」（一八）。「君主は野獣の性質を適当に学ぶ必要があるのであるが、そのばあい、野獣のなかでは狐とライオンに習うようにすべきである。というのは、ライオンは、策略のわなから身を守れず、狐は狼から身を守れないからである」（同）。これらのことばだけでも、ひとは嫌悪感をもよおすにちがいない。われわれの倫理感をさかなでするからである。

だが、ちょっと待ってもらいたい。マキアヴェリズムに類する考えは、マキアヴェリがはじめてとなえたものではないのである。政治がいとなまれるところ、マキアヴェリズムは大なり小なり、大っぴらであれこっそりとであれ、おこなわれている。人間からエゴイズムや権力欲がなくならないかぎり、そうだろう。そしてマキアヴェリズムの理論をといたのもマキアヴェリが最初ではない。だのに、なぜ、マキアヴェリという特定の人間の名を冠するようになったのか。マキアヴェリズムとマキアヴェリの政治思想とは同じものか、マキアヴェリズムとも見えるかれのことばの真意はなにか。これらが第二の問題点である。

マキアヴェリズムの先駆　ギリシアの哲学者プラトンの対話篇『ゴルギアス』にカリクレスというソフィストがでてきて、ソクラテス（前四七〇ごろ～三九九）と問答する。カリクレスは、正義とは強い者が弱い者を支配し、弱い者よりも多くもつように決定している。それは自然の正義であって、ソクラテスがとなえる正義だの節制だの徳だのは「奴隷の道徳」にすぎないとコキおろす。むろんソクラテスは反駁《はんばく》するのだが、強者の権利をうたい、力は正義だといった、マキアヴェリをさきどりする考えをのべているのは注目すべきだ。中国でも荀子《じゅんし》（前二九八ごろ～二三八ごろ）は「人間の本性は悪であって、善というのは後天的な作為の矯正による」とする性悪説をといた。韓非子も「君主というものは、刑と徳とによって臣下を制御するものである」とする法家思想をといた。このように洋の東西で似た考えがおこったのは、どうしてだろうか。おそらく、アテナイでポリス的社会や倫理が瓦解しようとした状況が、カリクレスに反道徳論やあざとい実利主義を口外《こうがい》させたのだろう。中国でも、周王室の権威がおとろえた春秋戦国時代に、孔子（前五五一～四七九）の徳治《とくち》主義がもう実情にそぐわなくなった。そうしたとき、荀子や韓非子のような考えがおこったのだろう。かように実際上でも理論上でもマキアヴェリズムの先駆者があらわれているにもかかわらず、なぜ公然となりえなかったのであろうか。

「政治と道徳」の一致

はなしがややめんどうになるが、ここのところはたいせつなので、しばらく辛抱してきいていただきたい。プラトンの考えによると、国家というものは個々の市民のあつまりではなくて個人をこえた全体だ。市民はこの全体である国家に生活の基礎をもち、国家をとおしてのみ、自己の生活の意義と目的をえる。個人が勝手な自由をもつのではない。めいめいの持ち場で国家という共同体に奉仕するとき、かえって個人はいかされる。そこに「正義」が実現する。国家論は正義論なのである。プラトンの哲人政治はここから構想された。国家とはもちろんポリスだ。道徳はポリス的道徳のことだ。国家と個人、政治と道徳はポリス的性格をおび、そうした性格をすてることができない。当時、アテナイは衰退の一路をたどっていた。党争も激烈だった。しかもなお、プラトンはポリス国家の道徳観念にかかずらわり、政治権力や権力闘争について、政治と道徳との対立や矛盾について、洞察できなかった。

プラトンの高弟アリストテレス（前三八四〜三二二）はすでにヘレニズム時代の入口にたっていたから、いきおい考え方がより現実的とはなっている。しかし基本的にはプラトンと同じで、「人間は本性上ポリス的動物」ということばにもうかがわれるように、やはり国家すなわちポリスが、個々の人間にとって完全な生活の前提をなし、国家において人間の自然（本性）は完成される。政治学と倫理学とはわけられない。ただ、倫理学は人間を個人として論ずるのに、政治学は人間を社会人として論ずるちがいがある。倫理学が終わるところから政治学がはじまる。そういう考えからアリストテレスは、国家形態や機能、政治の統治技術などをこまかくのべる。かれにおいても、道徳はあくまでポリス的道徳であって、ポリスがいっさいの価値基準である以上、政治と道徳とは一致して対立矛盾はおこりえなかった。

以上を要約してマイネッケはこういう。「多神教と人生価値の現世主義とが古代の国家理性の培養土《ばいようど》であった。最高の人生価値とは、都市国家の隆盛期においては国家そのものにほかならなかった。そこでは倫理と国家倫理とは一致し、したがって政治と道徳とのあいだにどんな相剋《そうこく》も存しなかった。のみならず、もろもろの戒律をもって国家の諸種の力が自由に支配するのを局限しようとした世界宗教というものもまったくなかった」。ここで世界宗教とはキリスト教をさす。それでは、キリスト教的中世は「政治と道徳」をどのようにとらえたであろうか。

宗教の優越

キリスト教はがんらい政治思想をといたものではなく、それじたい非政治的である。イエス（前四ごろ〜後三〇ごろ）のいう愛の共同体は現世の国家に超然としている。使徒においてはさらにすすんで神の権威が世俗権力を基礎づけるとされ、神の優越がとかれた。「人に従うより神に従うべきである」（『使徒行伝』五の二九）。古代末期にあらわれたアウグスティヌス（三五四〜四三〇）は、キリスト教の教義に大きな影響をあたえ、中世キリスト教の方向をさだめたひとだ。周知のように、大著『神の国』においてかれはこうといている。神の国と地上の国

トマス＝アクィナス

とが対立する。神の国は善を、地上の国は悪をあらわす。ふたつの国はたえず争うが、ついには善が悪にうちかつ。その過程が人類の歴史にほかならない。異教徒を反駁するためのキリスト教護教論が、同時に雄大な世界史といわれるゆえんだ。こうしたキリスト教思想からかれは国家政治を論ずる。それによると、国家の目的あるいは使命は平和と秩序を維持することで、そうしてこそ正義が実現する。支配者はこのことを肝に銘じなければならない。支配者をみちびくのはキリスト教の教えである。自己愛からでなくて神のために、臣下のためにつくすならば、その行動はみとめられる。戦争のごときも、平和をまもり、異教徒を屈服させるためなら、正義とみとめられよう。支配欲とか名誉欲から行動するものは専制君主にすぎない。アウグスティヌスは、しかし古代末期のひとであるから、かれの国家政治観をただちに中世盛期のそれと早合点してはならない。国家にたいする教会の絶対優位は、中世におけるカトリック教会の隆盛の結果おこってくるのだから。

ローマ教皇とローマ教会が宗教的勢力ばかりでなく社会的勢力をもつにいたった経過はご存知だ

ろうから、ここでは一二、三世紀に全盛期をむかえたというにとどめる。皇帝国王から農民町民にいたるまで、教会の教えにしたがい、教会に恭順の意を表した。そむくときは破門の罰をうけた。この時期に十字軍遠征がおこったのも偶然ではない。中世最大の神学者トマス＝アクィナスがスコラ哲学を大成したのもこの時期だ。アクィナスは国家政治観において、アウグスティヌスよりずっと積極的であった。アウグスティヌスでは地上の国が神の国にいたる前段階とみなされていたのに、アクィナスでは地上の国そのものが神の意志の顕現《けんげん》である。教会は国家に優越するだけではなく、いっさいの中心にたつ。いったい、世俗権力はどうして教皇権にあたまがあがらなかったのだろうか。世俗の国家政治のほうに弱味があったからだ。

「キリスト教的共同体」

リッターによると、中世盛期においてはふたつのことがらに注意する要がある。第一に、キリスト教的中世はまだ近代の主権概念をしらない。支配者を特徴づけるのは、すべての国内勢力をしのぐ物質的な力をもつとか、国際的交際において法的に完全な独立性をもつとかいうことではなくて、道徳的な特質をもつということである。支配者の物質的な力は、封建制度による国家権力の分裂のために微々たるものである。いきおい、支配者は物質的な力にたよることはできず、臣下の忠誠といった道徳的な絆をたよる。キリスト教の教えにしばられているから、支配の本質は神の委任をおこなうことである。ここで政治とは、せいぜい平和な、永続的な秩序をつくるとか維持することである。第二に、中世の国家世界は、なお原則として闘争的な外交の基礎としての権力利害という近代的概念をしらない。中世における強国であるドイツとフランスは、カロリング帝国の部分王国からおこり、一五世紀の末までたがいに敵視したことはなかった。かえって両国は西洋キリスト教世界のロマン－ゲルマン的統一の中核を形づくっていた。キリスト教的西洋は、ローマ教皇とドイツ皇帝との共同指導のもとで宗教的・世俗的な全体をなすものとみなされた。このような全体は外にむかってはっきりとあらわれた。異教徒や異端にたいする闘争は共同事業であった。その意味で中世ヨーロッパは、少なくとも理念上、「キリスト教的共同体」だったのである。だから、たとえ諸国間に紛争が生じても、そのためにヨーロッパ共同体を破壊するまでにはいたらなかった。内部の緊張にもかかわらず、キリスト教的西洋はひとつの民族家庭を形成していたからである(『権力の倫理的問題』)。

このようなヨーロッパの統一性や連帯感に亀裂《きれつ》がはいるようになれば、中世の国家世界の様相は変わってくる。逆にいえば、近代がはじまると、亀裂がめだってくる。ヨーロッパに近代民族国家が成立すると、ヨーロッパの統一や連帯感よりも自国の利害が先行しないわけにいかず、必然的に諸国家の争いが生ずる。自国の利益を追求するばあい、宗教とか道徳による束縛を脱し、宗教とか道徳の粉飾《ふんしょく》をすてさる。こうして近代国家の出現とこれにともなう権力闘争が、キリスト教的中世の国家政治観を崩壊にみちびく。リッターはべつの個所でこういっている。「ブルクハルトは〈個人の出現》で時代の転換をいいあらわしたけれど、近代国家の出現によってこそ特徴づけられなければならない。中世ではいっさいの生活が、いうなれば大寺院のかげでおこなわれ、教会の鐘の音《ね》でけされるように、近世紀では、時代を追ってますます強く、強大な政治のざわめきでけされる。十字軍時代の宗教的熱狂は政治的権力闘争の熱狂で解消する。いまや教会にかわって国家が、生活を規定する」(『権力思想史』拙訳)。

近代国家の原型

古典古代において、じっさいは権力闘争はたえ間がなかった。にもかかわらず、ポリス国家では政治と道徳との一致が建前《たてまえ》となっていたために、政治権力や闘争の本質をみやぶることができなかった。キリスト教的中世においても、封建諸侯の争いはたえ間がなかった。にもかかわらず、宗教や道徳が政治に優先するという原則はくずれなかった。近代の国家政治があらわれるにおよんで、一挙にその本質が白日《はくじつ》のもとにさらけだされる。政治はなにものかの手段ではなくて自己目的と化し、固有のロジックをもってすすんでいく。

「国家理性」(レーゾン-デタ、ラチオ-スタト)とは、そういう自己目的化した国家や政治の行動を理論づけるのに用いられることばだ。マイネッケの定義をかりると、「国家行動の基本原則、国家の運動法則である。それは、政治家に、国家を健全に力強く維持するためにかれがなさねばならぬことを告げる。また、国家は一つの有機体組織であり、しかもその有機体の充実した力は、なんらかの方法でさらに発展することができるばあいにのみ維持されるゆえに、国家理性は、この発展の進路と目標をも指示する」。目的をとげるために法や宗教が役にたつなら、手段に用いる。たたないなら、無視する、いや、ふみにじることを辞さない。こうしてひとたび国家理性がめざめると、古典古代における政治と道徳との一致、中世における宗教の優越は、もう過去の遺物にすぎない。「政治と道徳」にほんらいわだかまっている矛盾や緊張が、このとき明瞭に人々の意識にのぼる。この矛盾や緊張をどうとくかが、近代の政治学に課された課題だった。

近代国家政治の原型がつくられ、権力闘争のすさまじさが露呈されたのが、ルネサンス時代のイタリアである、といったら、諸君は首をかしげるのではなかろうか。イタリアは中央集権国家どころか、分裂した小国ではなかったか、と。だが、そうした分裂と名状しがたい混乱こそは「むきだしの権力」をあらわにする。「伝統的権力の支えとなってきた信念や習慣があらわれるにしたがって、この権力はなんらかの新しい信念にもとづく権力にしだいに屈していくか、さもなければむきだしの権力、いいかえれば被治者のまったく納得のいかぬ権力に屈していくのである。権力がむきだしのばあいは、権力獲得の方法は、他のいかなるばあいよりもはるかに苛酷《かこく》なものとなる」(バートランド＝ラッセル『権力』)。

イタリアの小専制君主、都市共和国、傭兵隊長、教皇たちが、三つどもえ四つどもえになって権力争奪に狂奔する。この意味でイタリア小国家世界が近代国家政治の原型だったというわけだ。マキアヴェリは、そうしたイタリア小国家世界の修羅場《しゅらば》を冷厳なまなざしでみつめたばかりでなく、そこから理論を抽出することによって、近代政治学に課された課題にこたえようとしたのである。

マキアヴェリの人間観

マキアヴェリの政治思想に近づくためには、かれの人間観をしるのが早道である。古来、政治学は特定の人間観にもとづいている。古典古代ではポリス的人間観(プラトン、アリストテレス)、中世ではキリスト教的人間観(アウグスティヌス、トマス＝アクィナス)、近代市民社会では市民的人間観(ホッブス、ロック、ルソーなど)というふうに。政治は人間もしくは人間集団を相手にする以上、人間とはどういうものかをまず問わなければならないからだ。マキアヴェリは人間をどうかんがえたか。

「国家をうちたて、それに法律を整備させようとする人は、次のことを肝に銘じておく必要がある。すなわち、すべての人間はよこしまなものであり、自由かってにふるまうことのできる条件がととのうと、すぐさま本来の邪悪な性格をぞんぶんに発揮してやろうとすきをうかがうようになるものだということである」(『政略論』一の三)。「人間というものは善よりは悪に傾きがちのものである」(一の九)。「人間はどれほど善良に生まれつき、どんなにすばらしい教育を受けたところで、なんとやすやすと堕落してしまうものか」(一の四二)。「そもそも人間は、恩知らずで、むら気で、偽善者で、厚かましく、身の危険は避けようとし、物欲には目のないものである」(『君主論』一七)。

「人間は邪悪なものであって、あなたに対する信義を忠実に守ってくれるものではないから、あなたのほうも人々に信義を重んずる必要はない」。

キリがないので、これぐらいでやめておく。どうです諸君、人間はじっさいにそういうものではないか。遠慮とか世間体《せけんてい》から、だまっていたり、しらんぷりをしているだけではないか。では、悪に傾きやすい人間は、善にむかうことはないのだろうか。否、だ。「人間は持って生まれた性質のままに傾きやすく、それからとても離れられないものだ」（一二五）。「まるで、天空、太陽、元素、人間は、昔あった姿と、その運行、体系、働きを変えてまったく別物になってしまっているかのようである」（『政略論』一の序）けれど、人間は、天空や太陽や元素と同じように、今も昔も変わっていない。「過去や現在の出来事を考えあわせてみれば、たとえ都市や国家を異にしたところで、人々の欲望や性分は、いつの時代でも同じものだということが、たやすく理解できるであろう」（一の三九）。要するに、性悪説にもとづく人間同型説だ。

「すべての国家理論および政治理念は、その人間学を吟味し、それらが意識的にであれ、無自覚的にであれ、《本性悪なる》人間を前提としているか、《本性善なる》人間を前提にしているか、によって分離することができよう。この区別は、まったく総括的なものであって、特殊的に道徳的ないし倫理的な意味にとるべきではない。かんじんなことは、その後のあらゆる政治的考慮の前提として、人間というものを問題視するかしないかなのであり、人間が《危険な》存在であるかいなか、危なっかしい存在であるか、それとも無害で危なくない存在なのか、という問に対する解答なのである」と、カール＝シュミットは明快にのべる（『政治的なものの概念』田中・原田訳）。マキアヴェリが前のほうの解答をあたえることは、先刻ご承知のとおりだ。

リアリズムとエゴイズム

こういうと、マキアヴェリが性悪《しょうわる》な、へそ曲りの男だったかのように諸君は思うかもしれない。かれは人間をみたとおりに淡々《たんたん》と語っているだけだ。当時のイタリア政治の暗部を直視し、歯に衣《きぬ》きせずに語っているにすぎない。徹底したリアリズムである。現代の政治学者ウォーリンはこうのべている。「イタリアが国民国家として統一されず、都市国家内で政治生活が不安定で、地位と権力とが容易に手に入るために政治的冒険者たちが誘惑に駆りたてられるといった事情は、政治を人間生活のすみずみまで浸透させ、政治とのかかわりを、あらがいがたいものとしたのである。だが、純粋に政治的な次元での行動が成立するためには、政治が宗教的世界観によって強く束縛されているような、それ以前の時代から継承されてきた思考様式を捨て去ることが必要であった。そして『君主論』が書かれるおよそ一世紀前から、イタリアの政治思想には≪リアリズム≫の伝統が成長しつつあった。マキアヴェリの政治思想においては、この潜在的な可能性が取り上げられ、≪純粋≫政治理論を作るための、最初の偉大な実験の基礎とされる。彼が新しい政治学のためにおこなった宣言は、政治現象の分析が有意義なものであるためには、まずそれらの政治現象が、過去の政治思想によって織りなされたさまざまな幻影の呪縛から解放されなければならないという、彼の信念を反映している」(『西欧政治思想史』Ⅲ尾形・福田・佐々木訳)。

ところで、人間が悪に傾きやすく、しかもこの性向が変わらないとすれば、人間は善にむかって努力するよりは自己のエゴイズムをみたすほうをえらぶにちがいない。エゴイズムは性悪説の必然的な結論であって、そうしたエゴイズムの底には、損か得かという計算だかい気持がある。打算的合理的精神は、なにも経済人だけに特有なのではない。政治行動や戦争にも必要であろう。企業家は、政治行動や戦争で損と得を計算する政治家や傭兵隊長と同列にたっている。政治とはつまりは計算なのである。

リアリズムにふれた有名な個所をあげよう。「想像の世界より、具体的な真実を追求することのほうが、私は役に立つと思う。これまで多くの人は、見たことも聞いたこともない共和国や君主国を想像のなかで描いてきた。しかし、人の実際の生き方と人間いかに生きるべきかということとは、はなはだかけ離れている。だから、人間いかに生きるべきかということのために、現に人の生きている実態を見落としてしまうような者は、自分を保持するどころか、あっというまに破滅を思い知らされるのが落ちである」(『君主論』一五)。かれが善と悪との区別をしらなかったのではないか、諸君は疑うだろう。とんでもない。そんな区別は承知の助《すけ》だ。ただ、かれにおいては、結果の有効が善よりもだいじである。かんじんなのは、善であれ悪であれ、実際の効果を発揮すればよいということである。したがってマキアヴェリの政治的倫理は実際倫理と純粋倫理にわかれる。実際倫理は政治にかかわり、純粋倫理は個人にかかわる。政治のような公けのものと個人のような私的なものとのどちらが重大か、国家の利益と個人の利益とのどちらが重大か。個人の利益が国家の利益のために往々にして犠牲となったり蹂躙《じゅうりん》されたりするのは、まことにいたましい悲劇ではあるけれど、いたし方がない。もちろん政治は個人の利益をはかり幸福をまもるべくつとめねばなるまい。が、国家の存亡にかかわるような危機においては、どうしても政治が個人に優位をもたないわけにいかない。そしてマキアヴェリが問題にしているのは、まさにそうした祖国の存亡にかんすることがらなのである。「栄光に輝くばあいでも、恥辱にまみれなければならないばあいでも、祖国は防衛しなければならない」(『政略論』三の四一)。「ひたすらに祖国の存否を賭して事を決するばあい、それが正当であろうと、道にはずれていようと、思いやりにあふれていようと、冷酷無残であろうと、また称讃に値しようと、破廉恥《はれんち》なことであろうと、いっさいそんなことを考慮にいれる必要はない。そんなことよりも、あらゆる思惑を捨てさって、祖国の運命を救い、その自由を維持しうる手だてを徹底して追求しなければならない」(同)。

大胆な宣告

君主が私人として道徳をまもることに異議のあろうはずはない。しかし国家の運命をになう君主の立場にたてば、個人道徳よりもさきに祖国の存亡を念頭におかなければならない。ことばをかえていうと、マキアヴェリは、キリスト教的道徳がまちがっていると か、それをまもる必要がないとか、いっているのではない。政治は道徳や宗教とちがう、政治は政治プロパーの論理と法則をもつ、両者を混同するな、といったまでだ。

カッシーラーはここのところをうまく説明している。「マキアヴェリは政治闘争を、あたかもそれが西洋将棋のゲームであるかのように眺めたのであった。彼はこのゲームを種々の規則を変更したり、批判したりしようとは少しも考えなかった。彼の政治的経験は、政治のゲームが詐欺《さぎ》、虚偽、変節、重犯罪といったものがなければ、演じられないことを教えたのであった。彼はこうした事柄を非難もしなかったし、また推奨もしなかった。彼の唯一つの関心は、最善の駒の動き、すなわち、そのゲームに勝つ手番《てばん》を見出すことであった。これこそ、まさにマキアヴェリが、その眼前に演じられた巨大な政治的ドラマの移り変わる光景を眺めたときの態度であった」(『国家の神話』)。そういう次第だから、『君主論』は道徳的な書物でも非道徳的な書物でもなくて、たんに技術的な書物にすぎない。技術書に倫理的行為や善悪の準則をもとめるのは、お門《かど》ちがいというものだ。なにが有用か無用かがわかれば、事はすむ。つぎの『君主論』のことばは、以上のことをはっきりとしめす。

「君主は前述のいろいろなよい気質をなにもかもそなえている必要はない。しかし、そなえているように思わせることは必要である。いや大胆にこう言っておこう。そうしたりっぱな気質をそなえていて、つねに尊重しているというのは有害であり、そなえているように思わせること、それが有益である、と。君主という者は、とくに新君主のばあいは、国を維持するために、信義に反したり、慈悲に反したり、人間味に反したり、宗教に反した行動にたびたびでなくてはならないということを知っておいてほしいのである。つまり、一般に、よい人だと考えられるようなことばかりを後生だいじに守ってはいられないということである」(一八)。いまだかつていかなるひともなしえなかった大胆な宣告ではなかろうか。

新しい君主

ここにマキアヴェリが脳裡にえがいた「新しい君主《ヌオーヴォ・プリンチペ》」がくっきりと浮かびあがる。かれは新しい君主の条件をつぎのようにのべる。「君主にとって、信義を守り、奸策を弄《ろう》せず、公明正大に生きることがいかに称讃に値するかは、だれでも知っている。だが、現代の経験の教えるところによると、信義などまるで意に介さず、奸策を用いて人々の頭脳を混乱させた君主が、かえって大事業をなしとげている。しかも、結局は、彼らのほうが信義に基づく君主たちを圧倒してきていることがわかる。名君は、信義を守ることがかえって自分に不利をまねくばあい、信義を守ることをしないであろうし、また守るべきではないのである。君主は、ただ戦いに打ちかち、またひたすら国を維持してほしい。そうすれば、彼の手段はだれからもりっぱなものと考えられ、ほめられることであろう。大衆はつねに、外見いかんによって、また出来の結果だけで評価してしまうものである」（『君主論』一八）。古典古代（プラトンの哲人王）とも、中世（キリスト教的君主）とも、まったく異なった君主像ではなかろうか。こういう君主は「一つの悪徳を行使しなくては、自国の存在にかかわるという容易ならぬばあいには、汚名などかまわずに受けるがよい。というのは、全般的によく考えてみれば、たとえ美徳のようにみえることでも、これをおこなっているうちに自分の破滅に通ずることがあり、他方、一見、悪徳のようにみえても、これをおこなうことによって、自分の安全と繁栄とがもたらされるばあいがあるからである」（一五）。

マキアヴェリズム的君主や政治の例は枚挙《まいきょ》にいとまがないけれど、当代ではなんといってもチェーザレ＝ボルジアだ。「ヴァレンティーノ公のとった歩みを全般にわたって考えてみれば、彼は将来の勢力を築くためにりっぱな基礎づくりをしたことがよく理解されよう。私は新君主に対しては、この人の行動の実例以上にすぐれた指摘は与えられないのではないかと信ずる。それゆえ、彼の基礎づくりについて、ここで論ずるのが無意味とは思わないのである」（七）。

マキアヴェリのチェーザレ観については前にのべたからくり返さない。が、チェーザレを評価したのは、おそらくつぎのような基準にてらしたうえでのことであったろう。すなわち、第一に、マキアヴェリズム的術策は政治の領域にかかわる。第二に、それによって政治目的がとげられるとき是認される。この是認はむろん道徳的意味でなくて政治的意味だ。効果がかんじんである。第三に策略がたんに衝動的冒険的ではだめだ。第四に、成功するためには、げんざいの情勢分析を密にし、事態に適合するように手段をかえる弾力性がなくてはならない。第五に、小田原評定《ひょうじょう》したり、ためらったりせず、チャンスを機敏にとらえる決断力が要求される。こうしてチェーザレを評価してマキアヴェリは結論する。「あらゆる君主にとって、残酷よりは憐れみぶかいと評されることが望ましいことにちがいない。だが、こうした恩情も、やはりへたに用いることのないように心がけなければならない。たとえば、チェーザレ＝ボルジアは、残酷な人物とみられていた。しかし、この彼の残酷さがロマーニャの秩序を回復し、この地方を統一し、平和と忠誠を守らせる結果となったのである」(一七)。

権力のデーモンの発見　マキアヴェリズム的術策がなにをめざしたか。もうこれ以上くだくだしくのべる要はなかろう。イタリアに「新しい君主」があらわれて、分裂を克服し、外国勢力を排除し、国民的国家を建設することだ。だが、イタリアの現状はかれの希望からかけはなれていた、あまりにも遠く。いかなる幻想にもふけらなかったこの稀有《けう》のリアリストは、イタリア－フィレンツェの現状をしるにつけて、うちやぶりがたい壁につきあたらねばならなかった。だからといって、「一六世紀のシュペングラー」にとどまってよいだろうか。たいせつなことは、そういう限界のなかで全力をつくすことではないか、たとえ失敗に終ろうとも。「マキアヴェリの忠告がまず第一に予定されているのは、平和な秩序の時代ではなくて、危急存亡のときである。政治的道徳的解体、あるいは新しい国家権力の建設といった危険な時期なのである。こうした時代では、共和主義者のあらゆる自由の願望は、まず、衰退した国家や民族の再生をゆだね、永続的な秩序の回復を信頼しうる、強い、能力ある権威をつくるという、いかんともしがたい必要の背後にしりぞかねばならない」(リッター『権力思想史』拙訳)。マキアヴェリがいわゆるマキアヴェリズムの創始者であるかのような印象をあたえたのは、かれじしんに毫《ごう》も責任がなかったとはいうまい。しかしかれの政治思想は、何度もいうようだが、一五、六世紀のイタリアの政治情勢によって規定されていた。その点を度外視したら、正しい理解はできない。世人はそうした理解をぬきに、ただ表面の言辞からマキアヴェリ像をつくりあげ、マキアヴェリズムの創始者というレッテルをはってしまったのではなかろうか。

それはそうでも、特定の歴史的限定をになったものがひとつの普遍的な政治原理として通用するようになったところに、やはり、マキアヴェリが提起した問題の永続性がある。リッターもマキアヴェリの洞察の永続的利益をこう論じている。「かれの政治学の危険な一面性については、いまさらいうを要しない。とはいえこの一面性が、以前にはしられなかった、あるいは不完全にしかしられなかった真理を明らかにするならば、一面性にも歴史的功績があろう。マキアヴェリが新たに発見したのは権力の実在のデーモン(魔神)である。しからば権力のデーモンとはなにか。権力のデーモンは、それなしにはいかなる偉大な権力組織も成就しないけれど、同時に危険な破壊的な力をもつという、二律背反的な性格をもっている。権力が道徳的価値を破壊したり、法にそむいたり、政治的闘争者の権力意志のなかで最高の無我が最高の我欲とむすびついたりする――これらはすべて、権力のデーモンのなせるわざである。現実の実質的な権力所有なくしては、いかなる国家も維持しえない。権力のもつ建設的と同時に破壊的、有益と同時に有害な性格は、ながいあいだ、道徳とか宗教とかのヴェールでおおわれていた。マキアヴェリはこのヴェールをはぎとり、権力のデーモンを発見した。そのことによって近代の国家政治思想の開拓者となったのである」(『権力思想史』)。

マキアヴェリは政治を道徳や宗教から解放すべき時代の課題にたいして、かれの流儀でこたえた。困難な時局のなかで、ひるむことなくたたかった。諸君はここに一個の強靱《きょうじん》な精神をみないであろうか。

運命と必然——歴史の世界

第三の問題点

イタリアは近代歴史学の揺籃の地である。スルビークがいったように、「イタリアは、中世神学のかわりに、また、キリスト教および世俗的権力の、教会的および世俗的秩序の支配的視点のかわりに、近代的な歴史研究や歴史叙述や近代的な政治理論の誕生地となった。イタリア小国家のわかい、伝統から解放された現実世界が、偉大な伝統とならんで歴史的政治的思考を規定した」（『ドイツ・ヒューマニズムの精神と歴史』）。そして近代イタリア史学の発達において率先したのがフィレンツェにほかならない。

近代イタリア史学をふつうヒューマニズム的歴史叙述と称する。フューターにしたがうと、ヒューマニズム的歴史叙述には三つの原理がある（『近代史学史』）。第一は古代の修辞的形式の採用である。リウィウスとかキケロといった古代ローマの著作家がお手本とされる。第二は歴史の世俗化である。中世の宗教的歴史観と縁をきって、歴史の中心に人間をおく。第三は政治史的傾向である。歴史を主に政治的見地からとらえるのである。こうした原理はマキアヴェリにあってもっとも明らかであって、かれをヒューマニズム的歴史叙述の代表者とみなすのはそのためだ。すなわち、リウイウスのようなローマの歴史家への傾倒、人間を中心とする史風、政治史的傾向がいちじるしい。詩文や芸術についての言説がみられない。とくに最後の点で政治史的傾向が現代意識に由来することを、特筆しておかなければならない。マキアヴェリ以前のヒューマニズム的歴史家（ブルーニやポッジオなど）にも現代意識がまったくなかったわけではないけれども、とうていマキアヴェリの比ではない。歴史を観照したり回顧的感傷にひたったかれらにくらべて、国家熱望と実際的悟性とのむすびつきがきわだっている。

それでは、マキアヴェリにおいてヒューマニズム的歴史叙述の特色がいかにあらわれたか、かれの歴史観に疑問の余地がないだろうか。これらが第三の問題点である。

思いあがった無関心と歴史知識の欠如

マキアヴェリが歴史を重くみ、歴史考察のうえに政治学をくみたてたことは、すでに十分におわかりであろう。『政略論』のはじめでこうのべる。「古代に対するこんにちの崇拝の風潮は、数えきれないほど実例があるので、次の例だけ示すこととする。すなわち、しばしばみられることだが、古代の彫像のかけらを巨額の金をはたいて買い入れ、座右においてなでまわし、家の誇りとしたり、さらには、芸術家に依頼して模像させることに懸命になったりしている」。マキアヴェリはルネサンスの芸術にたいして関心をもたなかったから、このことばにはいささかやゆ的な調子がみられる。「これに対して、歴史がわれわれに伝えてくれるあの古代の王国や共和国が演じたけだかい役割についてはどうであろうか。現代人ときたら、古代の国王、軍人、市民、立法者、そのほか祖国のために身を投げだして活躍した人々に対しては、彼らの行為を手本としようとはせず、口先でほめるだけである。私には、この風潮がいぶかしく思えるとともに、残念に思えてならない。思うに、このような古代無視の現状は、こんにちの教育の欠陥のため世間が無気力になったことにもよるであろう。しかし、それよりはむしろ、キリスト教国家の諸地方や諸都市にひろがっている思いあがった無関心が引き起こしたものであり、また、真の歴史知識の欠如によるのである。これがなければ、たとえ歴史を読んでも、そこから真の意味を引き出すこともできなければ、歴史のうちにある味わいをも理解することができないのである。このようにして歴史を読む人の多くは、それがくりひろげる事件の推移に興味をもつだけで、それを手本としようなどとは一度だって考えようともしない。そこで私は、人々をこのあやまちから救いだそうと考えて、ティトゥス＝リウィウスの著作のうち、悠久《ゆうきゅう》の年月のあいだ散逸をまぬがれて完全な形でわれわれの手もとに残ったものに基づいて著述するのが適切だと判断したのである。そして、古代と現代との出来事を比較して、正しく理解するために必要だと思われることがらをつけ加えることにした」(一の序)。

こうして『リウィウス初篇一〇巻論議』がはじまるわけだ。もっと切迫した課題のためにかいた『君主論』が古代と現代とを比較するのは当然である。ひとつだけ例をあげると、さいきんの出来事についてだ。身をきられる思いだったにちがいないが、まるで他人事のように淡白なかき方をしている。「一五一二年のことだが、イスパニア軍はフィレンツェにメディチ家を復帰させたうえで、金をしぼりとろうとしてその領内へ侵入してきた。このイスパニア軍は、フィレンツェ内部の一部市民のたくらみによって導入されたものであった。というのは、彼らはイスパニア軍に対し、貴軍がフィレンツェ領内にはいりさえしたら、ただちに武器をとって応援にかけつけましょうと約束して、期待をもたせていたからである。ところが、当のイスパニア軍がアルノーの平原にはいってみても、援軍は見当らず、糧秣《りょうまつ》は心細くなるし、これは和睦を結ぶにしくはないと思って、その方法を講じはじめた。これを見て心おごったフィレンツェ人は、この申し入れをはねつけてしまった。この結果、プラートは奪われ、フィレンツェ共和国自体も滅びさることとなったのである」（『政略論』二の二七）。

おぼえておられるだろうか。プラート事件というのは、フィレンツェ市民がスペインの来襲におそれおののいたあの事件だ。マキアヴェリはこのような裏話《うらばなし》をうちあけているが、たいせつなことは、この事件からひとつの教訓をひきだすことである。「自分よりもはるかに強力な軍隊に攻撃されている君主が犯すあやまちで、最悪の失敗は、和睦をはねつけてしまうということである。とくに申し入れが先方からあったばあいは、なおさらのことである。というのは、提示された内容がどれほど意に満たないものであるにせよ、その中には受け入れ側のつごうのよい条件もかならずやふくまれているものであるからである」。

歴史は人生の教師

　このような生きた教訓をうるためにも、ひとは歴史を学ばねばならぬ。「君主は歴史書を読み、それをとおして偉人の残した行動を考察することが必要である」(『君主論』一四)。まさしく「歴史は人生の教師《ヒストリア・ヴイタエ・マギストラ》」なのである。政治と歴史とが密接にむすぶ根底には、人生の教師としての歴史という考えが横たわっている。フライアーはいっている。「政治の理論が歴史の考察から汲《く》みとられるとすれば、『フィレンツェ史』は逆に、歴史研究と歴史叙述がマキアヴェリにとってつねに政治理論に奉仕する。歴史は、かれには、ことばのすぐれた意味で政治科学であるということに注目しないなら、ひとは歴史家としてのマキアヴェリについてあやまった判断に達するだろう」(『マキアヴェリ』)。理論的原理的なものとじっさいの歴史とがむすびつけられることも、『フィレンツェ史』で変わりはない。たとえばこうだ。「政治が変化を受けて行くうちに、まず大抵の場合、秩序ある状態から無秩序状態に移っていき、今度は逆に無秩序状態から秩序ある状態に返っていくものである。それというのも、この世の物事は決して一定不変の性質をもっているものではなく、なんでも十分の状態に達するが早いか、もうそれ以上完全になることはできず、すぐに下り坂になるにきまっている。これと同じように、下り坂を下りきってしまい、無秩序もその堕落のどん底に達してしまうと、もうそれ以下に下ることはできず、どうしても今度は上り坂にならざるを得ないものだからである。かようにひとは幸運から不運に落ち、また不運から幸運に昇っていく。実際のところ、勇気は休息を、休息は安逸《あんいつ》を、安逸は無秩序を、無秩序は破滅を生ぜしめる。これと同じように無秩序から秩序が、秩序から勇気が、勇気から名声から幸運が生まれてくる。ゆえに、文は武に従って進み、どんな国でもまず偉大な将軍が出てのちに大学者が出るものと考えているのである。よく訓練のゆきとどいた軍隊が勇気をふるって勝利をえ、その勝利によって平和がもたらされると、この勇敢な精神力は文弱に流れる以外に堕落する道はないし、また、そのひとたちの都に安逸の風を移して、秩序だった都を堕落させてしまうものである」(第五巻「一四三四年より一四四〇年まで」の冒頭のことば)。

念のため、ことわっておくが、『フィレンツェ史』は理屈っぽい歴史、お説教の羅列《られつ》ではない。中世史を概観した第一巻、フィレンツェの歴史をのべた第二、三、四巻、一五世紀におけるコンドティエレの権謀術数をしるした第五、六巻、ミラノのスフォルツァ家を中心とした第七巻、と巻を追うにつれて叙述は生彩を発揮する。なかんずく「一四七八年より一四九二年まで」をしるした第八巻は、自分が見聞した出来事をあつかうだけに迫真性と臨場感にあふれている。ロレンツォ＝デ＝メディチにたいするパッツィの陰謀のてんまつなど、手に汗をにぎらせる。全巻ちゅうの圧巻だ。物語性がたっぷりある。しかも愛国者の熱情が行間ににじみでている。イタリア統一をはばむローマ教皇にたいして、筆をひかえるようなまねはしていない。正々堂々として、フィレンツェ学派の自由な批判精神の健在を証明する。なんと、マキアヴェリはこの書を教皇クレメンス七世にささげているのである。

マキアヴェリの歴史観の欠点と意義　そうはいうものの、かれの歴史観に疑問点がないではない。第一に、「歴史は人生の教師」に端的にあらわれているように、歴史をしらべる目的は、過去現在の歴史からなんらかの教訓、とりわけ政治的教訓をくみとることであって、学問的な認識ではない。歴史の教訓的意義は、ギリシアの歴史家トゥキュディデス（前四六〇ごろ～四〇四ごろ）やローマの歴史家ポリュビオス（前二〇四ごろ～一二二ごろ）やリウィウスがつとに説いた。もちろん、歴史の教訓的意義はいちがいに否定されない。ただ、政治史とむすびつくと、浅薄《せんぱく》な実用主義になったり、道徳的歴史や愛国的歴史になりかねない。近代の科学的歴史がそうした歴史の道徳化の克服をまずもって課題としたことをかんがえるとき、やはりマキアヴェリの歴史観を全面的に肯定することはできない。第二に、そういう歴史の見方は、ひっきょう歴史循環論に帰着する。「過去や現在の出来事を考えあわせてみれば、たとえ都市や国家を異にしたところで、人々の欲望や性分は、いつの時代でも同じものだということが、たやすく理解できるであろう。したがって、過去の事情をたんねんに検討しようとする人々にとっては、どんな国家でもその将来に起こりそうなことを予見して、古代人が用いた打開策を適用するのはたやすいことであろう」（『政略論』一の三九）。

このような歴史循環論は、自然現象と同じように歴史をもくり返すとかんがえる。しかし、歴史を自然と同一視したまさにそのことが、マキアヴェリをほんとうの歴史的なものの考え方から遠ざけた。なぜなら、近代の歴史観は歴史をくり返さないもの、したがって人間事物の個性や発展を重くみるからだ。こうした欠点にもかかわらず、かれの歴史観は画期的な意義をもっている。同国人であるガリレオ＝ガリレイ（一五六四〜一六四二）が自然科学上でそうだったように。政治学と物理学という、一見はなれた学問領域は、じつは共通した基盤にうまれたのである。「ガリレイの力学が現代の自然科学の基礎になったとまったく同じように、マキアヴェリは政治学の新しい道をひらいたのであった。マキアヴェリは、丁度、ガリレイが一世紀後に落体の運動について試みたのと同じ精神で、政治の運動を究明し、分析した」（カッシーラー『国家の神話』）。

ガリレオ＝ガリレイ

運命と必然

なお、マキアヴェリの歴史観を特徴づけるものに運命（フォルトゥナ）と必然（ネチェシタ）がある。「運命は人間の活動にどの程度まで力をもっているか、また、運命にはどのようにして抵抗すべきか」を論じた一章（『君主論』二五）は、運命と必然との関係をつぎのようにといている。「もともとこの世のことは、運命と神の支配にまかされているのであって、たとえ人間がいかに思慮を働かせても、この世の進路を修正することはできない。いな、対策すら立つものではない、と。こうした人たちの意見によると、なにごとに対しても、あまり汗を流して苦労することはなく、宿命《さだめ》のままに身を託すのがよいということになるようである。ときには私もいささか彼らの意見に傾く。」それからかれは運命の女神を破壊的な河川にたとえる。「この川は怒りだすと、野辺にはんらんし、樹木や建物を破壊し、こちらの土を掘り起こして向こうにおく。だれもみなその奔流を見て逃げ去り、だれもみな抵抗のすべもなく、その前に屈してしまう」。「人間は運命《フォルトウナ》のまにまに身をまかせていくことはできても、これにさからうことはできない。また人間は運命《フォルトウナ》という糸を織りなしていくことはできても、これをひきちぎることはできないものである」（『政略論』二の二九）。

　このような運命は、ひとの力ではどうすることもできず、理解をこえている「さだめ」だから、必然にもなる。「≪運命≫は超越的な力であって、目的論的な必然性になる。マキアヴェリを決定論に近づけるのは、あの計算しがたい力の支配への信仰である」（マイアー『マキアヴェリの歴史観とヴィルトゥ概念』）。あらがいがたい運命への屈服は、どうにもならぬ必然とすることによって、ひとを宿命論的なあきらめへつれていく。前にのべたように、マキアヴェリは、人間本性や歴史を変わらないとかんがえ、そういうくり返しから「歴史生活の自然学」を構想した。変わらないということは、ほかにありようがないことだから、一種の必然である。必然であるから、人間にとって外部からの「強制」にもなる。こうした考えが、かれのいう「ネチェシタ」だ。「人間は必要に迫られないかぎり、善をおこなわないものである」(『政略論』一の三)というばあい、この「必要に迫られる」が「ネチェシタ」にほかならない。してみると、「フォルトゥナ」と「ネチェシタ」は同類項だといってよい。

ヴィルトゥの役割

急いでよむと、マキアヴェリが「運命」「必然」「強制」をただ一方的に強調したかのように思う。が、『君主論』二五における運命論では、つぎの保留がなされているのである。「だが、われわれ人間の自由な意欲は、どうしても失われてはならないものであって、かりに運命が人間の活動の半分を思いのままに裁定することができるとしても、すくなくともあとの半分が、または半分近くは、運命をわれわれの支配にまかせているとみるのが真実であろうと私は考える」。そして運命の女神をいったん「破壊的な河川」になぞらえながら、防備をほどこすことによって、破壊をほしいままにさせないように、注意する。「運命は、まだ抵抗力がついていないところで、大いに力を発揮するものであり、また堤防や堰《せき》ができておらず、阻止されないとみるところに猛威の鉾先《ほこさき》を向けてくるものである。いまイタリアは、世相の激変の中心地であり、また震源地であるが、もしイタリアにマーニャ(ドイツ)やイスパニアやフランスのように、適切な力のそなえができていたなら、この洪水も、こんにちみられるような大きな激変は引き起こさなかったであろう。以上の例で、運命に対しては一般にどのように対抗すべきかの論議は十分つくされたと思う」。運命の支配力をとく一方、これに拮抗《きっこう》する人間の力をも重くみるわけだ。「人間が能力《ヴィルトゥ》に欠けているようなばあいは、運命《フォルトゥナ》は自分のもっている力を思いのままに発揮するものだからである」(『政略論』二の三〇)。

だとすると、運命、必然、強制は絶対的なものではなくて相対的なものである。個人の能力《ヴィルトゥ》しだいでその力をよわめ、針路を変えることも可能だ。かようにヴィルトゥはフォルトゥナやネチェシタを制御することができ、その点で大きな役割をえんずる。もちろん、ヴィルトゥを過大に評価してはならない。要は、人間生活や歴史は、フォルトゥナ、ネチェシタ、ヴィルトゥの力関係で進行するといえようか。

時のいきおい　最後に、マキアヴェリの歴史観において「時勢の変化《クワリタ・デイ・テンピ》」が注目されるべきである。「ある君主が、きょうは隆盛をきわめているのに、あくる日は滅んでしまうようなことがよく起こる。運命に全面的に依存してしまう君主は、運命が変われば滅びるという理由からとくに起こったのだと私は思う。さらに時勢とともに自分の行き方を一致させる者は成功し、反対に、時代と自分の行き方とがかみ合わない者はうまくいかないように思う」(『君主論』二四)。「時勢」に合うか合わないかが、成功失敗の岐路《きろ》となる。「時節も事態も変化したのに、その君主が行き方を変えないとすれば、衰える」。教皇ユリウス二世の成功は時勢にのったからであり、失敗は時勢のうつり変わりに気づかなかったからではないか。『政略論』でも同じことをのべている。「とくに大事業をしとげるにあたっては、生きている時代をよく考え、環境に合わせるようにしなければならない。どうしても時代に合わせることのできない者は、生涯の大半を不幸のうちにすごさなければならないし、なにをしてもなさけない結果に終わってしまう。これに反して、時流《テンポ》に乗った人々は、することなすことなんでもうまくいくものである」(三の八)。「人の運不運は時代に合わせた行動を吟味するか否かにかかっている」(三の九)。

マキアヴェリの歴史観を特徴づける「フォルトゥナ」「ネチェシタ」「クワリターディーテンピ」「ヴィルトゥ」などは、かならずしも厳密な概念構成をしめしていない。あちこちの文章に挿入されているのを整理すれば、ざっとこうなるのである。だいたい、「時のいきおい」というものは時々刻々に変化するものであるから、対応する方式もケースーバイーケースでたてるほかない。つまり一般法則をたてにくい。ただ、マキアヴェリは、一方ではフォルトゥナとネチェシタ、他方ではクワリターディーテンピとヴィルトゥがあって、それらが函数関係をたもっていることを洞察したのは、なんといっても独創的な考えである。独創的とはいっても、現代の歴史哲学者がいっているような七面倒な理屈ではなくて、きわめて常識的なことがらである。もしマキアヴェリが書斎で静かに想をねったのであれば、もっと精緻《せいち》な理論構成や分析ができたかもしれない。生憎《あいにく》とそんなひまはない。かれの思索はつねに現実からはなれない。現実から遊離した理論など、観念の遊戯にすぎないであろう。だから『君主論』二五のつぎのむすびのことばは、かれの歴史観というよりは人生観というに近い。「私は、用意周到であるよりはむしろ果断《かだん》に進むほうがよいと考えている。なぜなら、運命の神は女神であるから、彼女を征服しようとすれば、うちのめしたり、突きとばしたりすることが必要である。運命は、冷静な行き方をする者より、こんな人たちに従順になるようである。要するに、運命は女性に似て、若者の友である。つまり、若者は、思慮は深くなく、あらあらしく、きわめて大胆に女を支配するからである」。

時代の影

マキアヴェリの歴史観が観念の遊戯ではなくて、現実と対決した結果の産物である以上、時代の影がかれの歴史観のうえに落ちている。まず「運命」だが、ルネサンス政治界のまっただ中に身をおいたかれは、人間の有為《うい》転変、国家の栄枯盛衰を目のあたりにみた。勝者のはかなさ、運命の不可抗力に、ときには戦慄《せんりつ》したり畏怖《いふ》したであろう。もっとも、詠嘆していないのがマキアヴェリのきわだった特色ではあるけれど。つぎに「必然」だが、かれは、そのばあい、人事や歴史の進行に神の摂理といった超自然的なものが介入するとは信じなかった。とくに政治的行動者は天裕《てんゆう》神助なんかをあてにしてはならない。その点でかれは完全に近代人だ。人事や歴史の進行に「必然」があることを見ぬくことがたいせつだ、としたのである。こうした考え方は、まごうかたなくルネサンス時代のものである。マイアーがいっているように、「社会生活のメカニズムは賢者にとって権力の道具である。これこそ、自然法則の認識による自然の支配というルネサンスの思想であって、そうした思想が歴史にも適用されたのである」(『マキアヴェリの歴史観とヴィルトゥ概念』)。自然現象は厳然とした自然法則にしたがって必然であるとした、レオナルド＝ダ＝ヴィンチやガリレオ＝ガリレイの考えと合致している。

運命や必然に歯どめをかける力をヴィルトゥにみとめたことも、時代の背景において、いっそうよく理解できるのではなかろうか。ヴィルトゥを所有する人間は自己の力にたよる。政治家が孤立無援におちいったとき、自己の力、不退転の勇気と決断のほかに、たよれるものがあろうか。どうしようもない運命や必然にもかかわらず行動できるには、ヴィルトゥ、しかも賢明なヴィルトゥしかない。

IV

マキアヴェリの影響

絶対主義時代のマキアヴェリ

マキアヴェリ伝説　まずカッシーラーの説をきこう。「文学史全体を通じて、マキアヴェリの『君主論』の運命ほど《書物の運命は読者の理解力にかかっている》という格言の真理を、よく立証するものはない。この書物の評判は独特で未曽有のものであった。これは学者や政治学者たちによって研究され、批評されるべき単に学者じみた論文ではなかった。『君主論』は、その最初の読者たちの掌中《しょうちゅう》でただちに実行に移され、また近代世界の偉大な政治的闘争においても、強力な、しかも危険な武器として使用された。それが与えた効果は、まぎれもなく明らかであるが、しかしそれのもつ真意《い》は、ある意味で、秘められたままであった。この書物があらゆる角度から取り上げられ、哲学者、歴史家、政治家、あるいは社会学者たちによって論議された後の今日においてさえ、この秘密は、まだ完全には明かされていない。一世紀ごとに、いな、ほとんど一世代ごとに、『君主論』に関する評価は一変するのみでなく、まったく逆転するのが認められる。同じ事情は、この書物の著者にも妥当する。党派的な愛情によって混乱させられ、マキアヴェリの像は歴史を通じてうつり変わったが、こうした様々の変化の背後に、その人の真の相貌や、その著書の主題を見分けることはきわめて困難である」（『国家の神話』）。

以上の叙述でわたくしは、粗略ではあるが、真の相貌や、その著書の主題を見わけようとした。ところが世間一般は、そうした実像をみようとせず、著書の真意を問おうともせず、のっけから悪名たかい書物の著者ときめつける。「マキアヴェリ伝説」がうまれなかったらふしぎだろう。伝説であるから、はなしに尾ひれがつき、身勝手な解釈が加わり、ますます実物からはなれていく。もっとも、そうした伝説や身勝手な解釈にそれぞれの時代のすがたがうつっているとすれば、まんざら無意味でもない。

非難のはじまり

『君主論』はマキアヴェリの死後に公刊されたが、ローマ教会は一五五九年に禁書目録にのせた。あたり前だろう。教皇やローマ教会をあのように痛烈に批判したのだから。他方、プロテスタント側でも、カトリック側にまけず劣らず非難した。たとえば、フランスの政治思想家ジャンティユ（一五三八〜八八）は、『反マキアヴェリ論』でサン－バルテルミーの虐殺（一五七二）を『君主論』のせいにした。この事件、じつはユグノー教徒とカトリック教徒との対立にフランス王家のお家騒動がからんだもので、マキアヴェリとはまったく縁もゆかりもない。無関係な者に責任を負わせるのだから、こじつけもいいところだ。そうこうするうちに『君主論』はどんどん西欧諸国にひろがっていった。いい例がイギリスである。

イギリスははやくからマキアヴェリに注目した。『君主論』がかなり普及したことは、エリザベス朝の文芸作品をみればわかる。劇作家マーロー（一五六四〜九三）はマキアヴェリを登場させているし、シェイクスピア（一五六四〜一六一六）では「残虐なるマキアヴェリ」がたびたびでてくる。『リチャード三世』など、マキアヴェリズムを絵にかいたような王だ。稀代の劇作家シェイクスピアが、王位簒奪《さんだつ》者とか政治的陰謀家に人間的興味を抱いたのはふしぎではない。哲学者フランシス＝ベーコン（一五六一〜一六二六）もマキアヴェリに共鳴する。このイギリス経験論の祖は、いっさいのイドラ（幻影）を排した。事物のリアリスティックな把握や倫理的懐疑論において、マキアヴェリと一脈通ずるところがあったのである。こうしたイギリスの例からもわかるように、マキアヴェリと『君主論』はその名をしられていった。むろん、そのさい「悪魔の書」と烙印《らくいん》をおされたことに変わりはなかった。本音《ほんね》では賛成しながら、建前ではこぞって反対したのであって、テューダー朝やステュアート朝の国王がいかにマキアヴェリズムを実行したかを思いだせばよい。

マキアヴェリズムの変貌

一七、八世紀のヨーロッパでは絶対主義が風靡した。絶対主義君主がおこなった内政外政は、ひとつとしてマキアヴェリズム的でないものはない。ブルボン家のばあいをあげるだけで十分であろう。ルイ一三世（在位一六一八〜四三）の宰相となったリシュリュー（一五八五〜一六四二）は、内ではユグノー教徒や貴族をおさえ、三部会をひらかず、外ではドイツの三〇年戦争に干渉してハプスブルク家の勢力をそいだ。かれの政策はマザラン（一六〇二〜六一）がついだけれど、貴族のフロンドの乱の鎮圧、ウェストファリア条約による領土の拡大などで業績をあげた。ついで太陽王ルイ一四世（在位一六四三〜一七一五）の親政時代が到来すると、フランス絶対主義は極盛に達する。王がしばしばくわだてた侵略戦争などは、マキアヴェリズム以外のなにものでもない。これに対抗したイギリスの勢力均衡政策も、イギリスの国益をまもるためで、かたちをかえたマキアヴェリズムだ。

ところで、絶対主義時代においてマキアヴェリズムの様相に異変がおこったことに、注意してほしい。第一に、マキアヴェリズムが実行される舞台が途方もなく大きくなった。イタリアの小君主・教皇・都市共和国どうしの争いは、いうなればコップのなかのあらしにすぎない。これにくらべると西ヨーロッパの中央集権国家では、国王の権力は絶大であり、国家はいよいよ強大となる。したがって国家間の争いも熾烈《しれつ》をきわめる。君主権や国家がかくも強大になろうとは、マキアヴェリといえども予想しなかったところであろう。チェーザレ＝ボルジアの政治的犯罪など、絶対君主からみたら、子供だましである。第二に、絶対君主がマキアヴェリズムを実行する手段に用いた軍隊が大規模となり、いきおい戦争の様相が変わった。この時代の軍隊はまだ全国民的ではない。常備軍は君主の私兵であって、大部分傭兵からなった。この点では、マキアヴェリ時代の延長である。が、君主が常備軍をもって国内の治安維持とか侵略戦争をおこなったスケールの大きさは、ル

フリードリヒ2世

ネサンス時代をはるかに上まわる。こうして絶対主義時代のマキアヴェリズムは、マキアヴェリ時代の限界を突破したのである。

一八世紀の後半にプロイセンにあらわれたフリードリヒ二世(在位一七四〇～八六)は、啓蒙専制君主として世にきこえている。ルイ一四世が「私は国家だ」と豪語《ごうご》したのに、「私は国家の第一のしもべだ」とへりくだっていった。そしてフランス啓蒙主義の感化のもとにさまざまな改革をおこなった。しかしながら本質的には絶対主義者であって、人民の政治などはいささかもみとめなかった。このフリードリヒは、皇太子のときに『反マキアヴェリ論』をかき、「私は人間性を擁護してこの怪物、この人間性にとっての公然たる敵にあえて挑戦し、詭弁《きべん》と不正な論議にたいして理性と公正とでみずから武装し、かくして読者が、一方に見いだす毒にたいして、すぐさま他方において解毒剤をそなえられているというようにするであろう」とした。ところが即位するが早いか、オーストリア継承戦争に便乗してオーストリアからシレジア地方をうばった。さらにロシアおよびオーストリアとはかってポーランド分割の暴挙にでた。反マキアヴェリ論はつけ焼刃《やいば》だったのかと疑わせる。フリードリヒは人道理想や新しい国家理性をもってはいたけれど、マキアヴェリズムの実行をなんら妨げなかったのである。

一九世紀のマキアヴェリ

フランス革命とマキアヴェリズム　一九世紀はフランス革命とナポレオン時代が終わったときに幕をあけ、このあいだにめばえた自由主義と国民主義が成長し結実し、世紀末に列強が帝国主義政策をとりはじめるときに幕をとじる。

フランス革命時代に自由の名でいかに多くの血がながされたか、いかに権力のデーモンが跳梁《ちょうりょう》したか、いまさらいうも愚かだろう。フランス革命を収束したナポレオン(一七六九〜一八二一)にいたっては、まさしく権力の権化《ごんげ》であった。この革命の経過において気をつけていただきたいのは、マキアヴェリズムの変化である。絶対主義時代におけるそれは、せいぜい絶対君主個人が実行したにすぎない。しかるに革命の指導者たちは民衆の名において革命を遂行しようとしたゆえに、つねに国民の意志とか願いを錦の御旗《みはた》にかかげた。国民の意志とか願いだとか称して、じつのところは自己の権力欲をみたそうとした、そういってもいいすぎではあるまい。だが他方で、かれらは国民や民衆の意志とか願いに制約されることもまぬがれない。いわば影の群衆が、指導者たちを台頭させては没落させ、没落させては新たに台頭させた。諸君はここに、現代の大衆マキアヴェリズムの発生をみないであろうか。それは現代における「大衆の蜂起」(オルテガのことば)の前兆なのである。

ドイツでのマキアヴェリ再発見

一九世紀においてもマキアヴェリズムは仮借《かしやく》なく実行されていくけれど、マキアヴェリにたいする評価は従来とちがってきた。そのきざしはすでに啓蒙主義者に見いだされる。『君主論』は「悪魔の書」として告発されつづけてきたが、一転して好意的な目でみられ、また『君主論』のほかに『政略論』に注意がむけられる。たとえば、フランス啓蒙主義の総帥《そうすい》で反カトリック的なヴォルテール(一六九四～一七七八)は、反教会的な批判をおこなったマキアヴェリに共感した。ルソー(一七一二～七八)は『社会契約論』において、「マキアヴェリは国王に教えるふりをして人民に重大な教訓をあたえた。『君主論』は共和派の宝典だ」と、いささか見当はずれな解釈をくだした。ドイツのヘルダー(一七四一～一八〇三)は、『君主論』を諷刺とか政治にかんする有害な書物とかんがえるのはあやまりだ、マキアヴェリは誠実な人間、するどい観察家、祖国の友であった、その意図は一般的な政治理論を提供することではなくて、たんに当時の慣習、思考、行動の様式をのべたにすぎない、と弁明した(『人間性の促進のための書簡』)。

こうしたマキアヴェリの評価は、ドイツにおいていちだんとたかまった。なぜだろうか。シュミットはこうのべている。「マキアヴェリは、祖国イタリアが一六世紀にドイツ人・フランス人・スペイン人・トルコ人らの侵入にさらされていたのと同様に、防衛する立場にあった。イデオロギー的防衛という状況は、一九世紀初頭のドイツにおいて、フランス人の革命的およびナポレオン的侵入の時期に再現された。ドイツ国民にとって、人道主義的イデオロギーとともに拡張してくる敵に対しての防衛が急務であった時期に、フィヒテとヘーゲルが、マキアヴェリをふたたび栄光の座につけた」(『政治的なものの概念』)。オーストリアはナポレオンにやぶれ、プロイセンも屈辱的な和をむすぶことをしいられた。そういう危機状況の相似からマキアヴェリに思いを馳せたのである。「同病あいあわれむ」境地だったのだ。そこで、フランス軍のベルリン占領中に『ドイツ国民に告ぐ』の講演をおこなってドイツ民族の精神的奮起をうながした哲学者フィヒテ(一七六二〜一八一四)は、マキアヴェリを弁護して、その政治的現実主義をたたえ、道徳的非難から救った。フィヒテについでヘーゲル(一七七〇〜一八三一)が『ドイツ憲法論』において、「冷静なる思慮をもってイタリアを救うには、それを結集してひとつの国家とするほかないという必然的なイデーを把握した。時代の堕落と盲目の狂乱とのさけがたいゆえんを、また救済を必要とするにいたった道程を、かれは厳密な整合性をもってこころに思いうかべた」と、あたたかい理解をしめした。

ヘーゲル

このようにマキアヴェリ再発見がとくにドイツで熱意をこめておこなわれたもうひとつの理由

は、学問的に、すなわち歴史研究からも考察するようになったからである。一九世紀ドイツ最大の歴史家ランケ（一七九五〜一八八六）は、「マキアヴェリが悪をすすめたのは、フィレンツェおよびイタリアの状態では、悪をおこなうことが目的を達しうるゆえんだったからにすぎない。マキアヴェリが望んだのはイタリアの救済だったが、かれはそれに毒剤をあたえねばならないほど、当時のイタリアの状態はかれには絶望的と見えたのである」（『近世史家批判』）と、歴史家らしい判断をくだした。カッシーラーのことばで要約しよう。「一九世紀文化においては、歴史が指導的な役割をとりはじめた。暫時《ざんじ》にして、歴史は他のあらゆる知的関心にとって代わり、ほとんどそれらを影のうすいものにした。この新しい視角からすれば、マキアヴェリの『君主論』にたいする以前の評価は、もはや承認しがたいものであった。というのは、それはこの書物の歴史的な背景を完全に看過していたからである。他面において、ナショナリズムが、一九世紀初頭以来、政治的・社会的生活のもっとも強力な衝動と推進力になってきた。こうした二つの運動が、マキアヴェリ理論の真価を認めることに深い影響を及ぼしたのであった。一七世紀の文学では、マキアヴェリは悪魔の化身のように描かれ、やがて奇妙に誇張されて、悪魔そのものが時にマキアヴェリストと名づけられ、マキアヴェリズムで色彩《ど》られた。しかし二世紀後には、こうした評価はまったく逆転した。マキアヴェリの悪魔化は一種の神格化にとって代わられた」（『国家の神話』）。ドイツばかりでなく、イタリアでもそうだった。「イタリアの愛国者たちは、いつもマキアヴェリの『君主論』の最後の章を熱狂的に

ビスマルク

歓迎した。ヴィットーリオ＝アルフィエーリが『君主論並びに書簡について』を著したとき、彼は≪神のごときマキアヴェリ≫と言うことを躊躇《ちゅうちょ》しなかった」。アルフィエーリ（一七四九〜一八〇三）はイタリアの詩人・悲劇作家で、イタリアの民族意識を鼓吹した。同国人であったから、よけい感銘したのである。

権力の聖化

マキアヴェリが正当な評価をえたことと、マキアヴェリズムが実行されたことは、むろん別問題である。いいかえると、マキアヴェリの実像がしられようとしられまいと、マキアヴェリズムが実際政治のうえでおこなわれる。早いはなし、一九世紀イギリスのアジア政策など、弁解の余地がないほどマキアヴェリズム的ではなかったであろうか。ところで、マキアヴェリズムの実行にあたって、ふたたびドイツが特異な様相をしめす。ドイツは西ヨーロッパ諸国にたいして明らかに後進国だった。国民的統一さえもはたしていなかった。そうしたドイツが、ひとたびプロイセン首相ビスマルク（一八一五〜九八）によってなしとげられると、うってかわって権力国家になる。ビスマルクはドイツの後進性を一挙にとりもどすために内治外交においてマキアヴェリズム的政策を断行したからである。そのさい、もっとも効果をあげたのは軍備拡張だ。前述したように、絶対主義君主の傭兵的常備軍は、フランス革命およびナポレオン時代に国民的軍隊へ改編された。プロイセンでは、ナポレオンにやぶれてから改革の一環として兵役義務を国民に課した。他国もこれにならって、おいおい国民皆兵制を実施した。国民軍は、はじめは外敵にたいする防御的性格をもっていた。が、列国が軍備の拡張をはかると、しだいに攻撃的性格をおびてくる。国家的利益を増大するためには強大な軍備が欠かせない。つまり、ミリタリズムがマキアヴェリズムをおこなうための最有効な手段となる。ただ、ビスマルクはあくまで冷徹《れいてつ》な国家理性の持ち主だったから、軍部の過度な強大化や独走をおさえることができた。けれどもビスマルクのような政治家にしてはじめてできるわざであって、凡庸な政治家にはできない。ともあれ、ミリタリズムとマキアヴェリズムとの結合は、ドイツの将来にとってもヨーロッパの将来にとっても、不吉な前兆である。

トライチュケ

こうしたビスマルクの政策を支持したのが、ベルリン大学歴史学教授トライチュケ（一八三四〜九六）だ。かれは『政治学』のなかでこうのべている。「われわれが国家を倫理的共同体としてとらえるならば、国家は疑いもなく普遍的道徳律のもとにたたなければならない。しかしひとはだれしも《政治と道徳》との矛盾について語る。この一般的現象はすでに、この関係がそう簡単なものではないことをしめす」。それからマキアヴェリについていう。「マキアヴェリが国家を独立させ、その倫理を教会から自由にしたこと、なかんずく、かれがはじめて国家は力であると明言したことは、つねにマキアヴェリの栄誉である」。とはいえ、マキアヴェリはトライチュケにはまだ不十分なように見える。「かれが国家を教会からもぎはなそうとこころみても、道徳が一般に教会的道徳であるという観念からはまぬがれていない」から。トライチュケにとって、国家は一にも力、二にも力なのである。「国家にたいする最高の命令は、自己と自己の権力を維持することで、このことが国家にとって絶対に道徳的である。一般の道徳的命令にたいするいかなる違反も正しいとみとめられる、この最高目的のために必要ならば。力づよい国民国家の保護のもとでのみ、国民文化は永続的にさかえることができる」。

このようなトライチュケのマキアヴェリ論、というよりマキアヴェリに籍口《しやこう》した自己主張が、ビスマルクの政策の是認にほかならなかったことは明らかであろう。したがってビスマルクの成功は、まさにわが意をえたものであったろう。フィヒテやヘーゲルと数十年のへだたりにすぎないのに、かれらのマキアヴェリ論議を裏づけた政治現実には大きなへだたりがあった。プロイセン＝ドイツが権力国家に興隆するさい、トライチュケのような権力の聖化が理論上でも必要であったのである。

現代のマキアヴェリ

大戦後の反省

一九世紀末に帝国主義がはじまると、列強はいっせいに世界政策にのりだした。その結果、アフリカや太平洋水域はまたたく間に分割され、アジアやインドは完全に植民地化されるか、中国のように半植民地化された。ヨーロッパにおける列強の対立は世界に拡大された。一九一四年に勃発した第一次世界大戦は、列強の政治的・経済的対立の総決算といえよう。あるいは、自己の国家的利益を追いもとめたマキアヴェリズム的政策の衝突といえよう。したがって戦争が終わったあとに深刻な反省がおこったのは、当然である。

ドイツの歴史家マイネッケ(一八六二〜一九五四)は、『近代史における国家理性の理念』においてマキアヴェリズム的近代政治を批判した。かれによれば、一九世紀には三つの力が大国家の権力政策に貢献した。ミリタリズム、国民主義、資本主義がそれだ。これらの力は大国家をはじめて未曽有の高さの権力や能力へみちびいたが、けっきょくは呪うべき運命となったのである。まず、ほんらい防御的な、強国にたいする弱小国の自衛手段だった国民皆兵の理念が、軍備競争をよびおこして政治の攻撃手段にまでたかめられたのが、ミリタリズムのばあいだ。第二に、国民主義は過熱し

マイネッケ

て野蛮な征服欲にかわった。第三に、近代の資本主義は巨大な物質的能力を展開し、たがいの闘争にはいっていき、ヨーロッパの全有機体を崩壊させるまで力を使いはたす。資本主義は大工業を拡張し、権力政策に新しい強力な技術的戦争手段を用だてた。以上三つの力が同時に会することによって、ヨーロッパの列強は、はじめは権力の高みへみちびかれたけれども、ついには破滅へつれていかれるのである。

こうしたマイネッケの反省は、祖国ドイツの敗北が直接の動機となったものだが、それはともかくとして、かれが良心的な歴史家であったことを証明している。しかしマイネッケほどの碩学《せきがく》ですら洞察しえなかったくらい、マキアヴェリズムの病根は深かった。なるほど、第一次大戦が終わってからのちの約一〇年間は、世界の空には希望の星が輝いていたかのようであった。ヴェルサイユ体制とよばれる国際協調と平和主義がそれだ。だが、ヴェルサイユはついに平和の虚像でしかなかった。アメリカ大統領ウィルソン(在位一九一三〜二一)がかかげた「勝利なき平和」の理想は、戦勝国イギリスや、ドイツにたいする復讐の念にもえたフランスの強硬《きょうこう》な反対にあって骨ぬきにされた。ヴェルサイユ条約は「持てる国」と「持たざる国」との対立をなくするどころか、かえって激化させた。一九二九年のアメリカの大恐慌が導火線となって全体主義がおこり、世界は第二次大戦の破局にむかってすすんでいく。マイネッケがマキアヴェリズムの反省の書を著してから一〇年後に、ドイツではヒトラー(一八八九〜一九四五)が政権をにぎり、ヴェルサイユ体制にとどめをさす。このヒトラーやナチスにおいて、ミリタリズム・国民主義・資本主義が、最悪のかたちで結合する。

現代マキアヴェリズムの特質　一九三〇年代に興起した全体主義国家(ファシストのイタリアやナチスのドイツ)において、マキアヴェリズムが白昼まかりとおったことは、天下周知であろう。これにたいして民主主義国家はどうだったろうか。国際政治で力の政治をおこなったことは、その名分《めいぶん》はどうであれ、否定できない。マキアヴェリズムが依然として底流をなしている。しかし現代のマキアヴェリズムは、絶対主義時代や一九世紀にくらべてはるかに苛烈《かれつ》な状況を呈した。つぎの三つの点を指摘しよう。

第一は、大衆マキアヴェリズムである。現代は大衆の時代であって、政治はもうひとにぎりの人間のことがらではない。まして君主一個人のことがらではない。これに応じてマキアヴェリズムも国民全般のことがらになった。すでに示唆したが、現代になってはっきりしたかたちをとった。個人主義的デモクラシーにかわって大衆デモクラシーがおこったことも、無関係ではあるまい。デモクラシーが上・中産階級から大衆にひろがったのである。では、デモクラシーは道義的であって、すべての欠点をまぬかれているか。かならずしもそうではあるまい。大衆が権力意志をもつにいたったところに新しい問題が発生している。第二は、ミリタリズムである。ミリタリズムはたんに軍事力が強大というだけでは成りたたない。もちろん、軍事力の強大は重大な条件だ。だが、戦争とその準備のための政策や制度がすべてに優先するとき、固有の意味でミリタリズムと称するのである。全体主義時代を想起すればわかる。プロイセン―ドイツがミリタリズムの本家本元であるかのような印象をあたえたのは、そうしたミリタリズムの思想と行動がとくにいちじるしかったからにほかならない。ドイツの歴史家リッター（一八八八〜一九六七）は、第二次大戦後にヒトラーをこう批判した。「あらゆるミリタリストのなかの最極端なミリタリストであるヒトラーによってほど、いっさいの生活のミリタリズム化がかくも過激に遂行されたことはなかった。ヒトラーじしんはプロイセンのフリードリヒ二世の子孫だと公言し、かれの国家社会主義をポツダム精神の改新と称した。じっさいは、かれにはフリードリヒ二世の精神的特徴となっているすべてのものが欠けていた。とどのつまり、かれはドイツ国防軍の精密機械を手にし、権力政治のいのしし武者となっていった」（『ドイツのミリタリズム』拙訳）。

第三は、マキアヴェリズム遂行の道具としての技術である。現代ドイツの歴史家シーダーは、「工業時代の技術文明が国家行動になにを意味するか」に答えて、戦争技術、通信機関および交通機関の発達をあげている。戦争技術についてはいうまでもなかろう。通信機関の発達は情報の伝達とか宣伝をたやすく、また大規模にした。政治家は情報機関をフルにつかって自分の政見をながす。世論のほうでもこれを利用する。マス－コミュニケーションがこんにちほど発達をとげたことはかつてなかったではないか。交通機関も国家勢力の強大に役だつ。シーダーは「現代の独裁者の悪魔的なものは、まさに権力行使の合理性と技術性にある」(『現代の変化における国家と社会』)と、警告している。科学技術の使用は、民主主義国家であれ社会主義国家であれ、えらぶところはない。こんにち世界の大国が軍事技術の開発に腐心《ふしん》していること、たえ間のない競争にかりたてられていることは、諸君もよくご存知だろう。

以上、現代マキアヴェリズムの特質を三点あげた。注意していただきたい。このような現象はドイツだけではなく、世界の強国なら多かれ少なかれしめしているところだ。マキアヴェリ時代のマキアヴェリズムから、現代のマキアヴェリズムはなんと大きな変化をとげたことだろうか。マキアヴェリにおけるマキアヴェリズムは、一五世紀末から一六世紀はじめにかけてのイタリアの小国家世界に生じた。そこにはまだしも同情すべきふしがないでもなかった。ところが、とてつもない国家権力を背景にし、大衆を基盤にし、しかもビッグ－サイエンスを駆使する現代マキアヴェリズムは、破壊的な作用をおよぼすだけではないか。権力のデーモンの否定的な面だけがひろがるのではないか。国家権力といい巨大科学といい、もし使用する目的をあやまり運用をちがえた暁、いったい人類はどのような危険におちいるだろうか、思うだにおそろしくなる。

日本人とマキアヴェリズム　あたえられた紙数がそろそろつきてきたので、結論へいそぎたいが、いままでのべてきたヨーロッパのマキアヴェリズムにたいして、日本のばあいはどうだろうか。ちょっと余談をすることをゆるされたい。

日本の歴史をふりかえると、むかしも今も、権謀術数を弄《ろう》した者がたえなかったことがわかる。しかし、ヨーロッパ人流儀のマキアヴェリズムに徹した者を見いだすのは、むずかしい。思いつくままに二、三の例をあげると、たとえば、平安朝末期に『伴大納言絵詞《ばんだいなごんえことば》』という絵巻があって、これは大納言伴善男《とものよしお》の政治的陰謀事件をえがいたものだ。政敵の左大臣源信《みなもとのまこと》をおとしいれるために応天門に放火し、これを源信のしわざと訴えた。その後、真犯人は善男の子だとつげる者があらわれ、とりしらべの結果、真相がわかって善男らは遠流に処された。この「応天門の変」(八六六)など、いかにもお粗末な陰謀事件だ。講談や芝居でなじみの江戸時代の「慶安事件」(一六五一)で、由比正雪《ゆいしょうせつ》や丸橋忠彌《まるばしちゅうや》らが不平浪人をあつめて幕府をたおそうとした。未然に発覚して一味は処断された。この計画も、楽天的といおうか杜撰《ずさん》といおうか、なっていない。結果の有効性にまったく考慮がはらわれていない。「一か八か」の衝動的冒険的な謀略にすぎず、目的と手段とのあいだに必然性がない。失敗するのは明らかだった。藤原氏の極盛時代をもたらした藤原道長なんかも、権謀術数の修羅場をくぐりぬけて、位《くらい》人臣をきわめたものの、最後は無常の風に吹かれて出家する。ヨーロッパ流の徹底したマキアヴェリスト像はうかんでこない。ヨーロッパ流のマキアヴェリストなら、神や仏の助けをあてにするまい。神にみすてられることさえ意に介しないであろう。

どうも日本人の精神風土は、マキアヴェリズムの執拗《しつよう》な追求にむいていないのではないか、そんな気がする。たいていはウヤムヤに事が終わってしまう。なぜ、マキアヴェリズムに徹しえなかったのだろうか。異民族による征服支配をうけなかったことが、もっとも有力な理由であろう。心《しん》そこからの民族的憎悪とか復讐心とか闘争欲がおこらないのだ。敵対するといっても一時のことだし、敵も味方も同じ日本人である。単一民族では相手の絶滅ができない。「今日は人の身、明日はわが身」だから、手ごころを加えるのが賢明な策である。絶滅しないで逃げ場をわざとつくっておく。それが「武士のなさけ」というわけだ。隠遁《いんとん》思想や無常感におそわれたが最後、もう権力争いやいっさいの策略は空しくなってしまうだろう。

マックス＝ヴェーバー

このように実行の面で不徹底であったように、理論の面でも徹底を欠いた。というより、理論化のこころみはほとんどなされなかった。現代ドイツの偉大な社会科学者マックス＝ヴェーバー（一八六四〜一九二〇）はいっている。「マキアヴェリの先駆者はインドにもいたが、しかし、アジアのすべての国家学説には、アリストテレスのそれを思わせるような、体系性や、またおよそ合理的な概念が欠如していた」（『宗教社会学論集』序言、大塚・生松訳)。ヴェーバーによれば、中国やインドでは科学も芸術も国家も経済も、総じて、西洋の特色をなしている合理化の軌道にそって発展することができなかった。かんじんなのは西洋文化のおびている独特な合理主義なのである。たんにマキアヴェリズムを実行することだけではなくて、それを論理的に構成することが問題なのである。日本人が実践と理論との両面でマキアヴェリズムに徹底できなかったことが幸であるか不幸であるか、はかんたんに断定できない。ただ、そうした不徹底は、いままでは通用したが、これからも通用するかどうか。いま日本が複雑な国際政局のなかにいるとき、世界強国が近世のはじめいらいおこなってきたマキアヴェリズムの実体——実践と理論との両面における——をみきわめることは、きわめて重要だろう。わたくしはこの点を最後に強調しておきたい。

現代感覚とリアリズム精神　旧聞にぞくするけれど、さきほど名前をあげたシーダーが、一九六九年のマキアヴェリ生誕五〇〇年にさいして記念講演をおこなった。はじめにこうのべている。「ほとんど五〇〇年らい、政治的思考はマキアヴェリという人物とかかわりあってきた。この男のあからさまな、それ以上にひそかな影響は巨大であったが、かれの解釈はそれいらいたいへん動揺しており、矛盾にみちている。専門科学的な意味におけるマキアヴェリ研究は多くの未解決の問題に直面している」。たしかにマキアヴェリ解釈は動揺した。そうした動揺が、一九世紀まではたいていマキアヴェリへの誤解か身勝手な解釈に由来することは、縷述《るじゅつ》したところである。歴史的評価をおこなうようになったのは、今世紀にはいってからだ。ところがそうなるとそうなったでまた、疑問が続出し、シーダーがいうように、専門的研究が未解決な問題に直面するはめとなった。『君主論』における君主政思想と『政略論』における共和政思想との矛盾をどのようにとくか。わたくしはむりのないかたちで解決しようとしたが、ほんとうのことはマキアヴェリのみぞ知る、だ。

専門的研究、大いにけっこうである。わたくしが引用した諸家は、いずれも当代第一流のマキアヴェリ研究家であって、傾聴すべき説をのべている。ただ、専門的研究というものは、えてして重箱《じゅうばこ》のすみをほじくりがちで、大局を見うしなう。それゆえに枝葉の点は点として、大すじを見うしなわないように注意しなければならない。では、マキアヴェリにおいてかんじんかなめの点はどこにあるのであろうか。マキアヴェリの著述活動は、すでにしったとおり、政治、歴史、詩、喜劇というふうに多岐にわたっている。しかし根本に横たわっているのは、強烈な現代感覚であり、さめたリアリズム精神である。歴史はかれにとって過去のことがらではなくて、現代と深くかかわっている。『政略論』はリウィウスの『ローマ史』の注釈という体裁をとるとはいえ、古代ローマをだしにして現代イタリアの政治を批判したものにほかならない。このことは『君主論』についていっそう当てはまる。

この意味でシーダーが「著述家マキアヴェリは、書くばあいでも政治の実際家である。そしてかれの理論はいつでも応用の可能性すなわち実践に関係した。こうして『政略論』、なかんずく『君主論』は、ヘーゲルもしくはホッブスの哲学的政治学よりも、ビスマルクあるいはチャーチルのメモワールにいくぶんか近い」といったのは至言である。およそ実践をはなれて理論はなく、理論をはなれて実践はない。両者はつねにひとつのものとしてとらえられ、根本につよい現代感覚がある。こうしたことは、マキアヴェリには自明の理だった。だが現代ではかならずしも自明ではない。ないどころか、両者の乖離ははなはだしい。政治学者は高遠な理論をのべて自己陶酔し、とかく現実をかえりみない。そうなったら、空理空論といわれてもしかたがあるまい。一方、政治家はあいかわらず党利党略にはしり、低次元のところで右往左往している。そうだったら、理想もなにもないたんなる政治屋に堕するだろう。理論と実践との一致を身をもって証明したマキアヴェリの生きざまは、現代の政治学者にも政治家にも反省をもとめるのではないだろうか。

マキアヴェリの教訓

おことわりするが、理論と実践との一致ということで、わたくしはマキアヴェリズムをすすめるつもりは毛頭ない。いったい、『君主論』は政治の一般論原則論ではなくて、イタリア－フィレンツェの危機と混迷を打開せんがための具体策を講じたものだ。マキアヴェリにとって政治はあくまでも現実の人間行動であり、現実の人間行動であるからには、空論にふけってはならなかった。たとえば、イタリア衰亡の直接原因をなすのはローマ教会の存在である。しかし当時、この厳然《げんぜん》たる事実を直視した者はいなかったし、しってはいてもかれのように直言した者はいない。お体裁をいったり、ごまかしたりしないで現実をみるのがマキアヴェリの身上《しんじょう》だ。そのような幻想なしの現実直視のうえに政治学をたてたのである。古典古代やキリスト教的中世の政治論には見いだされない斬新《ざんしん》さがそこにある。そのさい生じたいわゆるマキアヴェリズムは、窮極においてかれには付随的なことがらであったろう。現代スイスの歴史家ケーギは巧みなひゆでこういっている。「マキアヴェリが実践的マキアヴェリ主義の父でないことは、ロベルト＝コッホが疫病コレラの創造者でないのと同じである。コッホはバチルスを発見した。そしてコレラがコッホ病と名づけられたとしても、少しもおかしくはないだろう。ちょうどマキアヴェリによって発見された政治的疾患がマキアヴェリ主義と名づけられたように。マキアヴェリ主義にたいするマキアヴェリの関係は、自然現象にたいする研究者の関係であって、作品にたいする作者の関係ではない。マキアヴェリは発見者であって、発明者ではない」（『小国家の理念』坂井直芳訳）。

五〇〇年後のこんにちもなお、かれがあたえる教訓は、するどくゆたかな現代感覚と、いっさいの幻想なしに現実をみるリアリズム精神だ、とわたくしは信ずる。そうかといって、マキアヴェリをたんに合理主義者とかリアリストで片づけるのは、やはり皮相な見方であろう。「ローマのヴィルトゥ」の復活をねがうアイディアリスト、「自分よりも自分の祖国を愛する」灼熱《しゃくねつ》の魂がひそんでいたのを見のがしてはならないのだから。

マキアヴェリの時代、生涯、思想、影響を語ってきたわたくしは、いよいよ諸君におわかれせねばならぬ。おわかれのことばとして、わたくしはこういいたい。マキアヴェリは政治を道徳や宗教から截然《せつぜん》と区別し、政治固有の論理と方法を発見した。この発見はまがうべくもなくかれの偉大な功績ではあろう。だが、政治はそれだけであってよいのか、政治は最後には人間や人間社会におけ る道義的なものに奉仕すべきではないのか。たとえ、古典古代やキリスト教的中世におけるような「政治と道徳」の関係が現代に復興しえないにしても、なおかつ、政治論が正義論にほかならなかったあのプラトンの深遠なえい知に学ぶべきものがありはしないだろうか。諸君じしんがじっくりかんがえてくださるように願ってやまない。

マキアヴェリ年譜

西暦	年齢	年譜	関係事項ならびに参考事項
一四六九		5月3日、マキアヴェリ生まれる	ロレンツォ＝デ＝メディチ、フィレンツェの支配者となる
七六	7	ラテン語の初歩を学ぶ	
七七	8	ラテン語の文法を学ぶ	パッツィの陰謀事件（七八）
七九	10		スペイン王国成立
八〇	11	算術をならう	
八二	13		サヴォナローラ、フィレンツェに来る ダ＝ヴィンチ、ミラノを去る
八五	16		イギリスにテューダー朝はじまる
八六	17	リウィウスの『ローマ史』を愛読する	
九二	23		ロレンツォ、死去 教皇アレクサンデル六世即位 コロンブス、アメリカを発見
九四	25		フランス王シャルル八世のイタリア遠征

			メディチ家の政権たおれ、共和政復活 ピサ、フィレンツェに反抗 サヴォナローラ、フィレンツェに神政政治をしく
一四九六	27	10月、母バルトロメア死ぬ	フィレンツェ、ピサと開戦
九八	29	5月、フィレンツェ共和政庁第二書記局に採用される	サヴォナローラ焚刑 フランスのルイ一二世、オルレアン朝をひらく ヴァスコ＝ダ＝ガマ、インド航路をひらく
九九	30	7月、フォルリのカテリーナ＝スフォルツァへ派遣される	チェーザレ＝ボルジア、フォルリおよびイモラをうばう ルイ一二世、ミラノのロドヴィコ＝スフォルツァを追放 スイス、ドイツ帝国より独立する
一五〇〇	31	5月、父ベルナルド死ぬ 5月、ピサ戦線を視察 7月、第一回目のフランス派遣 著作『ピサ戦争論』	
〇一	32	1月、フランスより帰る	チェーザレ＝ボルジア、フィレンツェ領

一五〇二	33	1月、ピストイアに暴動、マキアヴェリ派遣さる 夏、マリエッタ＝オルシーニと結婚 6月、チェーザレと交渉のためウルビーノに派遣 10月、ふたたびウルビーノに派遣	に侵入 ピエロ＝ソデリーニ、終身ゴンファロニエレとなる チェーザレ、シニガリアで傭兵隊長を殺す
〇三	34	10月、ローマに派遣 11月、長男ベルナルド生まれる 著作『ヴァレンティーノ公がヴィテロッツォ一味を殺害した一部始終の記述』	8月、アレクサンデル六世死去 教皇ユリウス二世即位 チェーザレ＝ボルジア没落
〇四	35	1月、第二回目のフランス派遣 10月、次男ロドヴィコ生まれる 著作『一〇年史』第一巻完成	スペイン軍、ナポリを征服
〇五	36	4月、ペルージアへ派遣 5・6月、シエーナ派遣 国民軍創設の必要を痛感	ピサ戦線でフィレンツェの形勢悪化
〇六	37	8月、ピサ戦線へ派遣 8月末、ユリウス二世へ派遣 12月、マキアヴェリ案により国民軍創設きまる	
〇七	38	国民軍創設に没頭	4月、ルイ一二世、イタリアに侵入

		8月、シエーナへ派遣されドイツ皇帝使節に会う 12月、ドイツ皇帝との交渉のため、皇帝の跡を追ってジュネーヴ、インスブルク、トリエント、ボルツァーノに5か月間の旅をする	チェーザレ＝ボルジア死去
一五〇八	39	皇帝マクシミリアンと交渉 9月、ピサ陣地へ派遣 著作『ドイツ事情報告』	対ヴェネツィア「カンブレー同盟」成立 イギリス王にヘンリ八世即位
〇九	40	5月、ピサついに降伏 6月、フィレンツェ軍とともにピサ入城。マキアヴェリの名声あがる 秋、マントヴァに滞在中のマクシミリアン皇帝に第二回分支払いのために赴く 11月より2か月間、マントヴァおよびヴェローナに滞在 著作『ドイツの状況と皇帝についての論考』 『一〇年史』第二巻完成	ヴェネツィア軍、カンブレー同盟軍に敗北
一〇	41	7月、フランスに派遣	
一一	42	9月より1か月半、フランス派遣	対フランスの「神聖同盟」成立
一二	43	11月、フィレンツェ共和政府たおれ、マキアヴェリ解任される	4月、ラヴェンナの戦いでフランス軍、神聖同盟軍をやぶる

一五一三	44	2月、反メディチ家陰謀が発覚し、加担の疑いで投獄される 4月、出獄し、フィレンツェ郊外のサン-タンドレア-イン-ペルクッシーナにうつり一五一九年までくらす	8月、スペイン軍、プラートを掠奪 9月、ピエロ＝ソデリーニ治下のフィレンツェ共和政府たおれ、ロレンツォ＝デ＝メディチの二男ジュリアーノ戻る 2月、教皇ユリウス二世死去 3月、レオ一〇世、サン-ピエトロ寺院建立資金をうるため贖宥状を販売
一四	45	8月、生後3日で娘死ぬ 著作『君主論』『政略論』執筆	
一五	46	11月、息子ピエロ生まれる 「オリチェルラーリの園」グループと交わる	フランス王にフランソア一世即位
一七	48	『政略論』完成	10月、マルティン＝ルター、宗教改革をおこす
一八	49	4月、フィレンツェ貿易商人の依頼でジェノヴァに赴く	
一九	50	著作『マンドラゴラ』『黄金のろば』（未完）	ドイツ皇帝マクシミリアン没し、カルル

一五二〇	51	6月、フィレンツェ政府の依頼でルッカに赴く 11月、フィレンツェ政庁より『フィレンツェ史』執筆を依頼される 枢機卿ジュリオより、フィレンツェ政体について諮問をうける 著作『ルッカ事情』『カストルッツィオ＝カストラカーニ伝』 寓話『ベルファゴール』完成 『マンドラゴラ』フィレンツェで上演	五世即位 ルター、教皇より破門される
二一	52	家計状態やや好転する 枢機卿ジュリオおよび政庁の依頼によりカルピに赴き、フィレンツェのフランチェスカ修道会の独立のために奔走したが成功せず。途中、モデナでフランチェスコ＝ヴェットリに会う 著作『戦術論』完成	ドイツ皇帝カルル五世とフランス国王フランソア一世と戦う（第一次イタリア戦争） 12月、レオ一〇世死去
二三	54	フィレンツェにおける保護者を失い、サン－タンドレア－イン－ペルクッシーナに隠棲する	11月、枢機卿ジュリオ、教皇クレメンス七世となる 「オリチェルラーリの園」グループの反メディチ家陰謀発覚
二五	56	6月、ロマーニャでグィッチャルディーニに会う	2月、パヴィアの会戦でフランス軍やぶ

一五二六	57	8月、羊毛組合の依頼でヴェネツィアに赴く 5月、城壁防衛委員長となり、防衛問題に没頭 12月、「コニャック同盟」軍にグィッチャルディーニをたずねる	れ、フランソア一世とらえられる 9月、ローマの貴族コロン家が教皇にたいして暴動をおこし、ローマ市内掠奪 マドリードの和でカール五世とフランソア一世、和をむすぶ 「コニャック同盟」(反ハプスブルク同盟)結成
二七	58	4月、フィレンツェに帰る チヴィッターヴェキオにいたマキアヴェリのもとに新政府からの解雇通知とどき、失意のうちに帰国 6月22日、数日間病床にふしたのち死去 サンタークローチェ寺院に葬られる	カルル五世、フランソア一世と戦う 5月、ドイツ軍、ローマを劫掠する フィレンツェのメディチ家、ふたたび追放される

参考文献

●ルネサンス―フィレンツェ史

『ルネサンス文化の研究』　大類伸 ―― 三省堂　昭13

『ルネッサンス』　マルティン　山本新・野村純孝訳 ―― 創文社　昭29

『イタリアのヒューマニズム』　ガレン　清水純一訳 ―― 創文社　昭35

『イタリア・ルネサンスの文化』（世界の名著45）　ブルクハルト　柴田治三郎訳　中央公論社　昭41

『フィレンツェ』　高階秀爾 ―― 中央公論社　昭41

『ルネサンス期イタリア社会』　森田鉄郎 ―― 吉川弘文館　昭42

『神の国から地上の国へ』（大世界史10）　西村貞二 ―― 文芸春秋　昭43

『イタリア・ルネサンス』　プラム　石上良平訳 ―― 筑摩書房　昭43

『ルネッサンス的人間像』（岩波新書）　下村寅太郎 ―― 岩波書店　昭50

『ルネサンスと宗教改革』　ディルタイ　西村貞二訳 ―― 創文社　昭53

●マキアヴェリ

『マキャヴェリ』　ブリヨン　生田耕作・高塚洋太郎訳 ―― みすず書房　昭41

『マキアヴェリ――その思想と人間像』　西村貞二 ―― 講談社　昭44

『マキャヴェリの歴史的研究序説』　柴山英一 ―― 風間書房　昭44

『マキアヴェッリの政治思想』　佐々木毅 ―― 岩波書店　昭45

『マキアヴェッリ』（人類の知的遺産24）　佐々木毅 ―― 講談社　昭53
Machiavelli　Edmond Barincou ―― 1958

●マキアヴェリの著書

『君主論』（世界の名著16）　池田廉訳 ―― 中央公論社　昭41
『政略論』（世界の名著16）　永井三明訳 ―― 中央公論社　昭41
『フィレンツェ史』（岩波文庫）　大岩誠訳 ―― 岩波書店　昭29

●マキアヴェリの影響

『権力思想史』　リッター　西村貞二訳 ―― みすず書房　昭28
『近代史における国家理性の理念』　マイネッケ　生松敬三・菊盛英夫訳 ―― みすず書房　昭35
『国家の神話』　カッシーラー　宮田光雄訳 ―― 創文社　昭35
『西欧政治思想III――マキアヴェッリとホッブス』　ウォーリン　尾形典男・福田歓一・佐々木毅訳 ―― 福村出版　昭52
『マキアヴェリズム』　西村貞二 ―― 第三文明社　昭53

さくいん

【人名】

【事 項】

【書　名】

マキアヴェリ■人と思想54　　定価はカバーに表示

1980年 6 月25日　第 1 刷発行©
2016年 6 月25日　新装版第 1 刷発行©

・著　者 …………………………………西村《にしむら》　貞二《ていじ》
・発行者 …………………………………渡部　哲治
・印刷所 ………………………法規書籍印刷株式会社
・発行所 ………………………株式会社　清水書院

〒102−0072　東京都千代田区飯田橋3−11−6
Tel・03(5213)7151〜7
振替口座・00130−3−5283
http://www.shimizushoin.co.jp

検印省略
落丁本・乱丁本はおとりかえします。

本書の無断複写は著作権法上での例外を除き禁じられています。複写される場合は，そのつど事前に，㈳出版者著作権管理機構（電話 03-3513-6969. FAX03-3513-6979. e-mail : info@jcopy.or.jp）の許諾を得てください。

CenturyBooks

Printed in Japan
ISBN978−4−389−42054−3

CenturyBooks

清水書院の〝センチュリーブックス〟発刊のことば

近年の科学技術の発達は、まことに目覚ましいものがあります。月世界への旅行も、近い将来のこととして、夢ではなくなりました。しかし、一方、人間性は疎外され、文化も、商品化されようとしていることも、否定できません。

いま、人間性の回復をはかり、先人の遺した偉大な文化を継承して、高貴な精神の城を守り、明日への創造に資することは、今世紀に生きる私たちの、重大な責務であると信じます。

私たちがここに、「センチュリーブックス」を刊行いたしますのは、人間形成期にある学生・生徒の諸君、職場にある若い世代に精神の糧を提供し、この責任の一端を果たしたいためであります。

ここに読者諸氏の豊かな人間性を讃えつつご愛読を願います。

一九六六年

清水権六

SHIMIZU SHOIN

【人と思想】 既刊本

書名	著者
老子	高橋 進
孔子	内野熊一郎他
ソクラテス	中野 幸次
釈迦	副島 正光
プラトン	中野 幸次
アリストテレス	堀田 彰
イエス	八木 誠一
親鸞	古田 武彦
ルター	小牧 治 泉谷周三郎
カルヴァン	渡辺 信夫
デカルト	伊藤 勝彦
パスカル	小松 摂郎
ロック	浜林正夫他
ルソー	中里 良二
カント	小牧 治
ベンサム	山田 英世
ヘーゲル	澤田 章
J・S・ミル	菊川 忠夫
キルケゴール	工藤 綏夫
マルクス	小牧 治
福沢諭吉	鹿野 政直
ニーチェ	工藤 綏夫
J・デューイ	山田 英世
フロイト	鈴村 金彌
内村鑑三	関根 正雄
ロマン=ロラン	村上 嘉隆 村上 益子
孫文	横山 英 中山 義弘
ガンジー	坂本 徳松
レーニン	中野 徹三 高岡健次郎
ラッセル	金子 光男
シュバイツァー	泉谷周三郎
ネルー	中村 平治
毛沢東	宇野 重昭
サルトル	村上 嘉隆
ハイデッガー	新井 恵雄
ヤスパース	宇都宮芳明
孟子	加賀 栄治
荘子	鈴木 修次
アウグスティヌス	宮谷 宣史
トーマス・マン	村田 經和
シラー	内藤 克彦
道元	山折 哲雄
ベーコン	石井 栄一
マザーテレサ	和田 町子
中江藤樹	渡部 武
ブルトマン	笠井 恵二
本居宣長	本山 幸彦
佐久間象山	奈良本辰也 左方 郁子
ホッブズ	田中 浩
田中正造	布川 清司
幸徳秋水	絲屋 寿雄
スタンダール	鈴木昭一郎
和辻哲郎	小牧 治
マキアヴェリ	西村 貞二
河上肇	山田 洸
アルチュセール	今村 仁司
杜甫	鈴木 修次
スピノザ	工藤 喜作
ユング	林 道義
フロム	安田 一郎
マイネッケ	西村 貞二
エラスムス	斎藤 美洲
パウロ	八木 誠一
ブレヒト	岩淵 達治
ダンテ	野上 素一
ダーウィン	江上 生子
ゲーテ	星野 慎一
ヴィクトル=ユゴー	辻 昶 丸岡 高弘
トインビー	吉沢 五郎
フォイエルバッハ	宇都宮芳明

平塚らいてう	小林登美枝
フッサール	加藤精司
ゾラ	尾崎和郎
ボーヴォワール	村上益子
カール＝バルト	大島末男
ウィトゲンシュタイン	岡田雅勝
ショーペンハウアー	遠山義孝
マックス＝ヴェーバー	住谷一彦他
D・H・ロレンス	倉持三郎
ヒューム	泉谷周三郎
シェイクスピア	福田陸太郎 菊川倫子
ドストエフスキイ	井桁貞義
エピクロスとストア	堀田彰
アダム＝スミス	浜林正夫 鈴木亮
ポパー	川村仁也
フンボルト	西村貞二
白楽天	花房英樹
ベンヤミン	村上隆夫
ヘッセ	井手賁夫
フィヒテ	福吉勝男
大杉栄	高野澄
ボンヘッファー	村上伸
ケインズ	浅野栄一
エドガー＝A＝ポー	佐渡谷重信

ウェスレー	野呂芳男
レヴィ＝ストロース	吉田禎吾他
ブルクハルト	西村貞二
ハイゼンベルク	小出昭一郎
ヴァレリー	山田直
プランク	高田誠二
ラヴォアジエ	中川鶴太郎
T・S・エリオット	徳永暢三
シュトルム	宮内芳明
マーティン＝L＝キング	梶原寿
ペスタロッチ	長尾十三二 福田弘
玄奘	三友量順
ヴェーユ	冨原眞弓
ホルクハイマー	小牧治
サン＝テグジュペリ	稲垣直樹
西光万吉	師岡佑行
ヴァイツゼッカー	加藤常昭
メルロ＝ポンティ	村上隆夫
オリゲネス	小高毅
トマス＝アクィナス	稲垣良典
ファラデーと マクスウェル	後藤憲一
津田梅子	古木宜志子
シュニツラー	岩淵達治

タゴール	丹羽京子
カステリョ	出村彰
ヴェルレーヌ	野内良三
コルベ	川下勝
ドゥルーズ	鈴木亨
「白バラ」	関楠生
リジュのテレーズ	菊地多嘉子
リッター	西村貞二
プルースト	石木隆治
ブロンテ姉妹	青山誠子
ツェラーン	森治
ムッソリーニ	木村裕主
モーパッサン	村松定史
大乗仏教の思想	副島正光
解放の神学	梶原寿
ミルトン	新井明
ティリッヒ	大島末男
神谷美恵子	江尻美穂子
レイチェル＝カーソン	太田哲男
オルテガ	渡辺修
アレクサンドル＝デュマ	辻昶 稲垣直樹
西行	渡部治
ジョルジュ＝サンド	坂本千代
マリア	吉山登

ラス=カサス　染田　秀藤
吉田松陰　高橋　文博
パステルナーク　前木　祥子
パ　ー　ス　岡田　雅勝
南極のスコット　中田　修
アドルノ　小牧　治
良　寛　山崎　昇
グーテンベルク　戸叶　勝也
ハ　イ　ネ　一條　正雄
トマス=ハーディ　倉持　三郎
古代イスラエルの預言者たち　木田　献一
シオドア=ドライサー　岩元　巌
ナイチンゲール　小玉香津子
ザビエル　尾原　悟
ラーマクリシュナ　堀内みどり
フーコー　今村　仁司／栗原　仁
トニ=モリスン　吉田　廸子
悲劇と福音　佐藤　研
リ　ル　ケ　星野　慎一／小磯　仁
トルストイ　八島　雅彦
ミリンダ王　森　祖道／浪花　宣明
フレーベル　小笠原道雄

ヴェーダからウパニシャッドへ　針貝　邦生
ベルイマン　小松　弘
アルベール=カミュ　井上　正
バルザック　高山　鉄男
モンテーニュ　大久保康明
ミュッセ　野内　良三
ヘルダリーン　小磯　仁
チェスタトン　山形　和美
キケロー　角田　幸彦
紫　式　部　沢田　正子
デ　リ　ダ　上利　博規
ハーバーマス　小牧　治／村上　隆夫
三　木　清　永野　基綱
グロティウス　柳原　正治
シャンカラ　島　岩
ハンナ=アーレント　太田　哲男
ミダース王　西澤　龍生
ビスマルク　加納　邦光
オパーリン　江上　生子
アッシジのフランチェスコ　川下　勝
スタール夫人　佐藤　夏生
セ　ネ　カ　角田　幸彦

ペ　テ　ロ　川島　貞雄
ジョン・スタインベック　中山喜代市
漢の武帝　永田　英正
アンデルセン　安達　忠夫
ライプニッツ　酒井　潔
アメリゴ=ヴェスプッチ　篠原　愛人
陸奥宗光　安岡　昭男